小书大智慧管理丛书

76个
经典教练模型

THE LITTLE BOOK
OF BIG
COACHING
MODELS

[英] 鲍勃·贝茨（Bob Bates）—著　　　陈友勋—译

U0784032

湖南科学技术出版社

图书在版编目（CIP）数据

76个经典教练模型 /（英）鲍勃·贝茨（Bob Bates）著；陈友勋译. — 长沙：湖南科学技术出版社，2021.1

（小书大智慧管理丛书）

ISBN 978-7-5710-0831-4

Ⅰ．①7… Ⅱ．①鲍… ②陈… Ⅲ．①管理学 Ⅳ.①C93

中国版本图书馆CIP数据核字(2020)第226561号

小书大智慧管理丛书

76 GE JINGDIAN JIAOLIAN MOXING

76个经典教练模型

著　者：[英]鲍勃·贝茨
译　者：陈友勋
责任编辑：李　霞　李　柔
出版发行：湖南科学技术出版社
社　址：长沙市湘雅路276号
　　　　　http://www.hnstp.com
湖南科学技术出版社天猫旗舰店网址：
　　　　　http://hnkjcbs.tmall.com
印　刷：长沙鸿和印务有限公司
　　　　（印装质量问题请直接与本厂联系）
厂　址：长沙市望城区普瑞西路858号金荣企业公园C10栋
邮　编：410200
版　次：2021年1月第1版
印　次：2021年1月第1次印刷
开　本：880mm×1230mm　1/32
印　张：9.75
字　数：218千字
书　号：ISBN 978-7-5710-0831-4
定　价：45.00元

（版权所有·翻印必究）

对鲍勃·贝茨以及他的《76个经典教练模型》的评价

"我们所有管理者都拿到了《76个经典教练模型》的资料。它成为了指导我们工作的'圣经'。耶鲁大学夏季课程(YSS：Yale Summer Session)拥有100多名全职以及志愿者教练、导师和服务人员，我们乐于向他们推荐本书。"

洛林·普莱斯(Lorraine Preece)——YSS培训总裁

"就像对待鲍勃的第一本书一样，管理者们无论有多忙碌，如果要最大程度发挥员工的潜力，都应当将本书作为自己的必备读物。"

艾伦·肖(Alan Shaw)——丽晶工程公司常务董事

"我收集了很多关于管理和培训方面的书籍。鲍勃的处女作在其中可谓首屈一指。我盼望能读到他撰写的下一本著作。"

乔·摩根(Jo Morgan)——查理培训学院常务董事

"阅读此书让人愉悦：某些内容幽默风趣，其余部分则令人黯然神伤，但全都内涵深刻、发人深省。"

曼尼·桑德胡(Manny Sandhu)——育必克(Ubique)公司董事

"我们将此书用于所有的培训课程。"

约翰·柯蒂斯(John Curtis)——同行支持方案总裁

"同鲍勃一起工作很愉快。他在冈比亚指导村庄管理团队的工作非常出色。我已经推荐班珠尔大学的同事们把他撰写的这本书籍作为基本读物。"

易卜拉欣·贾洛(Ibrahim Jallow)——(冈比亚)

神奇年代英才中心主席

"鲍勃一直以激励人心的方式,帮助我们为退役军人提供优质的培训和同伴支持服务。我迫不及待地想看到他的书早点出版。"

莱恩·哈迪(Len Hardy)——退伍军人联络点主任

"任何人如果要进修 CMI(英国皇家特许管理协会)或 5 级ILM(信息生命周期管理)领导暨管理文凭,我都向他强烈推荐此书。"

克里斯·胡珀(Chris Hooper)——欧洲资源

解决方案培训 & 发展总监

献给艾琳和查尔斯

致　谢

　　如果一名教练没有掌握关于开展教练活动的原则和工具，那他的职业生涯将严重受限。因此，我要向许多人表示感谢，正是他们在有意或无意之间提供的帮助，才让我完成了本书的写作。其中包括许多教练——他们是否优秀倒在所不论，总之他们对我产生了影响。

　　比如，我对莱斯·斯蒂尔(Les Still)就有着美好的回忆。他是我在校期间的体育教练，并且很可能是让我的体育成绩一直保持良好的唯一原因。我也很珍视自己在阿斯顿大学攻读硕士以及博士学位期间，保罗·戴维斯(Paul Davies)博士和大卫·赫拉维尔(David Hellawell)教授分别对我提供的指导。

　　此外，我还要感谢多年以来，我自己培训过的许多学员，是他们反过来教会了我很多知识。其中一些学员的教练案例将在本书中出现。

　　感谢克里斯·贝茨(Chris Bates)帮我绘制书中的图表。

　　最后，我要感谢伊洛伊丝·库克(Eloise Cook)、露西·卡特(Lucy Carter)以及培生集团的工作人员，感谢他们把我的作家梦变成了现实。

　　我向上面所有人致以衷心的感谢！

如何充分利用本书

本书能够：

- 帮助你理解哪些因素可以激励人们行动起来；
- 发展你的教练技能；
- 使你能够充分发挥员工的潜能；
- 鼓励你和你手下的员工致力于个人成长和改变。

本书适合那些希望最大程度发挥员工潜力的管理人士阅读，其中提供了多种多样的教练工具。无论一个管理者怀着什么样的商业目的，都会发觉这些工具不但奏效，而且可以轻松上手。

在任何一个组织中，员工都是最重要的因素。许多管理者认为，采取外部培训才是培养员工的最佳方式。其实，外部培训通常是一项既昂贵又耗时的活动。在培训过程中，员工最初对培训产生的热情会逐渐消失，并且他们不能将自己新学到的知识或技能应用于实践。所以，聘请一个具有合适本领、技能和知识的专家来支持、鼓励员工，才是帮助他们发挥最大潜能的最佳方式。

本书虽然内容简单，但能产生实际效果。它针对的是那些忙碌的管理者，因为他们对解决问题和应用理论更感兴趣，而不是热衷于对理论条分缕析、吹毛求疵。

这是本书的独特卖点。你只需确定自己要解决什么问题，然后在书中查找处理这个问题的相关章节，并选择其中哪个（或哪些）内容会对你有帮助就行了。

本书分为三个部分：

- 第一部分涵盖了作为教练必须具备的基本知识和技能。

■ 第二部分着眼于更先进的教练理论以及当代教练模型。

■ 第三部分重在介绍对组织进行培训的模型。

每一部分都被分解成几个章节，涵盖了典型的日常管理任务，而这些日常管理任务又由该领域著名思想家提供的许多理论和模型组成。

前　言

你能从本书中学到什么

本书读者不仅包括管理者和教练，也包括任何个人或团体的导师、教员、培训师和顾问，因为他们想更多地了解人们的思考方式以及他们从事手头工作的原因，此外更重要的是，他们想知道如何利用这种理解来帮助人们充分发挥潜能。

书中每个主题对理论或模型的介绍虽然简洁，但并不希望人们因此而误认为原作不够精炼，只是笔者确实知道管理者、教练以及与他们打交道的人们都非常忙碌，可能抽不出时间去阅读卡尔·R·罗杰斯（Carl Rogers）的《个人形成论》（*On Becoming a Person*）或约翰·惠特默（John Whitmore）的《高绩效教练》（*Coaching for Performance*）。我的目的是尽可能简洁地解释各种理论或模型，并提供学术著作中经常缺失的那部分内容，即如何在实践中应用这些工具。

本书分为三个部分：

■ 第一部分涵盖管理者作为教练必须具备的基础知识和技术，包括理解人们如何思考和学习；哪些因素激励他们去追求学习；告诉他们该做什么；向他们展示需要做什么；向他们建议可以做这件事的方法；激励他们这样做。尽管这些内容以非常简单的形式呈现，但是构建这些模型的理论相当深刻，并且是基于该领域著名思想家的成果而提出的。

■ 第二部分着眼于更先进的教练理论和当代教练模型。这一部分是为那些已经学完了基本模型的管理者而准备的，因为他们想进一步发展自己作为教练的技能。这部分内容对于希望改进自己实践做法的职业教练、导师或教员也很有用。它提供了一个工具箱，可供那些希望寻找一个能经受实践考验的系统化过程，从而可以对员工进行培训的管理者使用。

■ 第三部分重在对组织进行培训的模型。这一部分是为那些希望通过参加教练活动来提高团队绩效的管理者而准备的，内容涵盖了团队行为的关键方面，包括领导力、文化、规划、质量、变革和团队合作。

每一部分又被分解成几个章节，涵盖了典型的日常管理任务，而这些日常管理任务又由该领域著名思想家的许多理论和模型组成。书中对每个模型或理论都进行了阐释，让管理者易于将其付诸实践。在"学以致用"条目中，我设计了许多不同的内容：

■ 任务和提示——一个简单的、没有废话的分步实施方法，你可以遵循其中的步骤来应用该理论或模型。这些内容将出现在一个黑色的小方块里面。

■ 反思和挑战——鼓励你对现实生活中的案例、问题或来自体育或影视领域的部分情节进行反思，从而让你对如何应用理论或模型形成自己的理解。这些内容出现在灰色的"盒子"里面。

■ 类比和隐喻——带你离开现实世界一会儿（包括让你进入奇幻的电影之旅），让你把某个理论或模型和一些看似与之没有明显关系的事物联系起来，从而获得理解和意义。

■ 问题反思——每个条目都有一到四个问题，你需要在应用理论或模型之前、之间或之后向自己提出这些问题。

教练活动与其他措施有何不同

重要的是根据组织中可能出现的各种人力资源开发方法来确

定教练活动的作用。为了便于理解，我用学习驾驶作为比喻（如果你想获得最佳的阅读效果，就必须习惯我对比喻的使用）。

■ 咨询师会建议你驾驶最合适的汽车。

■ 顾问会尽力解决你对驾驶产生的任何焦虑。

■ 导师将与你分享自己的驾驶经验。

■ 教练会鼓励你上车并正确地驾驶汽车。

这些措施可以用挑战性、支持性、指令性和非指令性来表示，如下图所示：

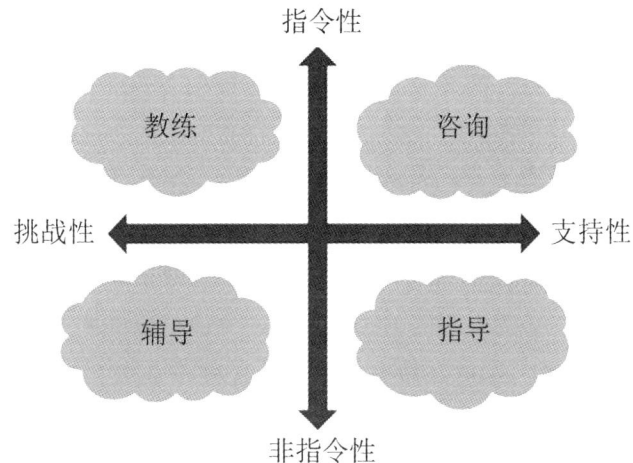

将上述方法结合起来的共通点是：它们帮助组织或个人寻求某种形式的行为改变。教练活动所涉及的挑战水平和指导水平不同于其他几种方法：其挑战性在于让人们实现预期结果；其指导性在于告诉他们该做什么或者让他们自己思考并采取行动。

在本书中，我用"期望状态"这一术语来描述教练成果。如果你在教某人开车，那这种"期望状态"就是让他们实际上把车有效地从 A 点移动到 B 点。我之所以青睐使用这个术语，因为"状态"本身就意味着从一个位置到另一个位置的移动，而"期望"则可以产生到达那个位置的动力。如果教练的目的是帮助这些人朝着他们想要实现的状态前进，那么你当然可能认为无论教练、辅导还是教学都是一回事。因此，我必须从关系、时间、结构和结果四个方面讨论每种方法的差异。

教师通常是训练有素的专业人员，他们与学生一起从事教学工作，让学生对某个问题形成自己的理解。教练通常也是训练有素的专业人员，但更注重帮助别人形成特定的技能。导师通常见多识广、经验丰富，他们向欠缺经验的人们分享自己的知识和经验。

辅导需要时间来发展相互信任的关系，从而让双方可以相互了解，并产生信任，可以放心地交流面临的真正难题。教学和辅导可以短至只有一期，甚至是一期中的某个组成部分，只要这有助于让人形成自己的理解或某种特定技能。

教师设定教学的主题、进度和方法来帮助学生形成自己的理解。教练会回应教练对象的个体需求，但他们的培训方法可能有一个固定套路。导师会调整他们的辅导方法来满足对方的个体需求。

教练和教学以任务为导向，侧重于具体问题和易于衡量的绩效输出。辅导以关系为导向，注重相互发展。

我在定义时，不喜欢用"被教练者"这样的字眼，因此我只是简单地使用"教练对象"进行表达。在第三部分中，我使用了"客户"这样的措辞，因为这适用于委托培训的个人或组织。

无论你采用哪种方法，你都需要有一个基本的信念，那就是和你一起进行教练活动的个体或人群：

- 具有改变的能力；

- 将在面临选择时做出最佳判断。

你支持他们达到自己期望状态的过程更像进行一次旅行，但在这样的旅行当中，学习过程本身和他们最后所学到的知识和技能一样重要。

教练活动在很大程度上是一种务实的交易，其中需要借鉴别人的某种理论，但对许多人来说，这种理论在教练实践中所起的作用要小得多。有人甚至会说实践才能引领理论，而空讲教练术则流于纸上谈兵。但本书就试图弥补理论和实践之间的这条鸿沟。

40 多年来，我一直为一些规模很大的全国性公司、独家贸易组织、志愿者团体以及个人担任教练和培训师。在这些活动过程中，我发现许多管理者、教练和学习者都在努力将理论应用于实践，而这也是本书的全部努力方向。

目　录

第三部分　指导组织提高绩效　

第一节　培训组织领导者

6

第一部分

初识教练

引言

作为管理者，你任务艰巨。你可能经常要在时间十分紧迫、资金极为短缺的情况下取得成果，并为此而承担巨大的压力。这是你一贯的工作，而如今，世事飞速变化，行业竞争激烈，工作更为辛苦。但是，你的团队能减轻你的工作负担，这是你所具有的一个重要优势。拥有一个技能熟练、工作积极的团队，你就能取得更高的成就。

要成为一名优秀的管理者，就应该有能力提升团队绩效。通过开展有效的教练活动，你的团队就能承担更多责任，你就可以抽身处理其他管理事务，比如制定发展战略、落实预算方案……本书开篇就郑重声明：形成优秀的教练技能需要深刻理解和充分练习，只有这样，你和你所在的组织以及你的教练对象才会从中受益。然而，事与愿违。有时候，管理者即使经过培训，仍然无法取得预期结果。

那么，拿起这本书，你会意识到自己有责任提升员工或团队的水平，并需要采取一些措施。这对你而言可能是一个全新挑战，或者，你也许在这方面积累了多年经验，算得上资深人士了。但我仍然要对你提出一句警告！举办教练活动可以采取多种不同方法：有的是针对特定主题；有的适用面更广；有的依靠教练的指导；有的则更倾向于提供帮助。世界上的教练活动尽管风格迥异，但都可以归类为"或推或拉"的两种基本方法。这些内容将在本书第一部分进行介绍，其中包括：

- 指导
- 示范
- 促进

■ 激励

在了解教练风格之前，无论你想掌握何种方法，要想成为优秀的教练，就要精通以下几种基本技能：认真倾听、有效沟通、制定合理的绩效目标、找准问题的症结所在。在本书第一部分的前 4 节，我将介绍如何培养这些技能。

当然，教练活动总有进行不顺的时候，因此你也可能会遇到棘手的教练对象。某些时候，即便使出浑身解数进行教练，你仍会遇到阻力。因此在这一部分末尾，我将介绍三大理论，专门用来解决在教练活动中可能遇到的棘手行为，且最终会讲述何为极端行为和精神变态行为，以及如何对其进行处理。

本部分使用的所有词条均取自一些著名的思想家，他们的研究成果有助于我们理解人们如何学习以及如何才能以最有效的方式对其提供支持。

第一节

了解人们如何
思考和学习

简介

　　身为教练，充分理解人类的思考和学习风格十分重要。学习风格是人类获得信息，对其进行处理、理解以及记忆的一种特殊途径。众所周知，每个人都对学习风格有不同的偏好，这种偏好可能在所有学习情境中都处于主导地位，也可能随着环境变化而产生变化，还可能与其他学习风格融合在一起。但可以肯定，世界上找不出一种单一的学习风格，可以在任何情况下适合任何一个人。

　　笔者挑出了关于学习风格的三种不同理论，这些理论都认为学习风格受学习者观念、过往经历及其人格的影响。每一种学习风格理论都附有一张调查表，由此，可以确定你喜欢的学习风格以及喜欢的学员类型。有些理论可以在网上免费获得，有些则需要付费。好消息是，需要付费的理论，大多包含一张许可证，可供转载和共享。我建议读者先对这些理论进行尝试，这样你在与他人一起使用它们时，对可能出现的问题和陷阱就会有所了解。重要的是，即使你被证明是一个外向的动觉实用主义者，也不要因此而变得惊慌失措（尽管我不想在黑暗的小巷里遇见你）。

　　在介绍不同学习风格之前，我们首先要了解人类怎样才能进行最佳学习，以及人类的学习风格是否会因为年龄变化而出现差异。关于儿童和成人是如何学习的问题，教育学和成人教育学分别提出了一些假设。教育学的英文单词"pedagogy"，它源于一个古希腊人的名字"Paidagogos"。他虽然是一名奴隶，但职责却是监督各行各业的童奴进行学习。Paidagogos 像军事教练员一样，要确保所有奴隶按主人的要求完成每日工作。而成人教育学则以成人学习为研究对象，于 19 世纪 50 年代左右起源于欧洲，后来在 19 世纪 70 年代左右，由马尔科姆·诺尔斯（Malcolm Knowles）将其开创为一种关于成人学习的理论和模型。他对成人教育学的定义是"帮助成人学习的艺术和科学"。对于诺尔斯观念的理解是这一章的开端，接下来是三个经典理论，将学习与感官、经验和个性联系起来。

理论1 马尔科姆·诺尔斯：成年人如何学习

> 如果想了解成人学习的基本规则会对你的教练风格产生什么影响，可以参考这个理论。

诺尔斯（Knowles）认为，大多数成人都具有自主能力，并希望掌控自己的学习。他坚持认为，成人的学习欲望多数是由个人期望（内在动机）——而非外在刺激（外在动机）——所驱使。他提出支撑成人学习的四个基本假设：

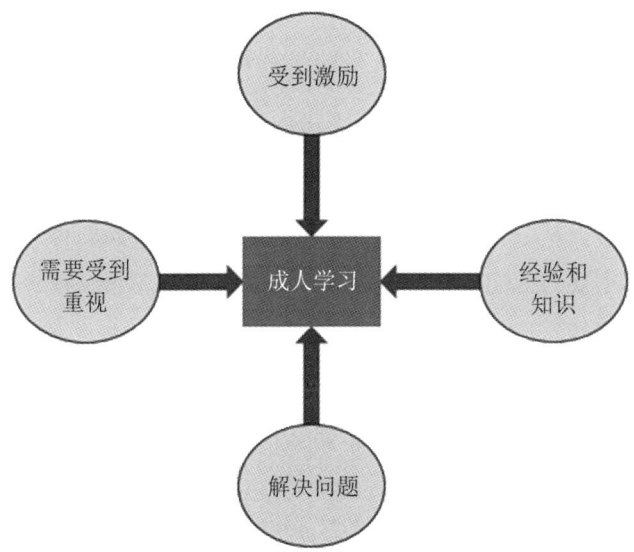

诺尔斯提出以下原则，以区分成人学习与传统概念上的教育学。

成人学习者的特征：

能够自我激励；对于自身和自己的需求有自己独特的看法；以满足自己的需求为目标。

续表

成人学习者的特征：
具有大量的人生经验和知识，而这些是学习的珍贵资源。
讲究实际；更倾向于为完成任务或解决问题而学习，而非单纯为学而学。
希望自己的贡献受到重视。

诺尔斯重视学习过程的价值，他所谓的学习过程是基于问题和协作，而非采取说教的形式。他还主张教师/教练和学习者在选择教学内容和教学风格方面需要更加平等。他指出，不是所有学生都是成年人，遇到未成年学生，教练应当多多鼓励他们模仿成年学生的学习方法。

学以致用

以下是如何将诺尔斯的理论应用于成人学习：

■ 开始培训时，积极鼓励他们为学习过程设定目标。注意，不是所有人都会欣然接受这样的要求。为了使他们的行为更加自主，你需要与他们建立密切关系，并对他们的思想和观念表现出真诚的兴趣。

■ 承认绝大多数人是通过分享知识和亲身体验才得以茁壮成长。了解他们的兴趣和过往经历，并支持他们利用这些知识和经验独立工作或进行团队协作。

■ 意识到只有在需要通过学习知识或技能来解决现实生活中遇到的问题或处理情况时，他们学习起来更有动力。以现实案例为基础，帮助他们掌握这一点。

■ 表现出你对他们兴趣的尊重，并承认他们所做出的贡献。即使你可能不认同他们，也要鼓励他们一有机会就说出自己的观点。

问题反思

■ 我能确保教练对象可以将教练活动与他们自己的目标、知识与经验联系起来吗？

■ 我在多大程度上善于理解教练对象的真正兴趣所在？

理论 2　尼尔·弗莱明：VAK（视动听）模型

> 了解这个理论，你就会明白感官在教练过程中所起的作用。

弗莱明（Fleming）关于学习风格的视听动模型（VAK：visual，auditory，kinaesthetic），是广泛用于评估学习风格的方法之一。弗莱明认为，大部分人基于视觉、听觉或动觉，都有一种占主导地位或带有偏好的学习风格。

以下是对视听动模型的简要描述：

视觉型学习者：偏爱通过视觉学习。以图片的方式进行思考，在脑海中创造图片来储存信息。

听觉型学习者：偏爱通过听觉学习。以文字而非图片的方式进行思考，他们通过参加讲座或进行小组讨论来取得最佳的学习效果。

动觉型学习者：偏爱通过行动学习。通过行动表达自己，在与他人或周围环境互动时学习效果最佳。

弗莱明认为，尽管学习者显示出对某种风格的偏好，但一些人在学习时是三种风格兼而有之，并且能达到平衡互补的效果。

学以致用

在所有对学习风格进行评估的手段中，视听动模型很可能是最常用的，你在网上能找到的这方面测试简直多如牛毛。最常见的测试是由一组陈述（通常是 12 个左右）组成，每个陈述下列出三个选项，这些选项分别对应三种学习风格。以下是若干建议，用来帮助你为带有三种不同偏好的学员分别准备教练方案。

■ 视觉型学习者喜欢察看或观察事物，因此，你的教练活动中应包含图片、图表、图示、表演、讲义或影片。此外请注意，视觉型学习者可能会提出"请示范"或"让我看一看"等要求，这样在看完说明或他人的演示之后，他们会做得更好。

■ 听觉型学习者喜欢聆听话语或者其他声音。这些学习者可能会提出"告诉我"或"一起讨论一下"等要求。在听完教练的说明之后，他们能把新任务完成得更好。

■ 动觉型学习者喜欢触摸、感觉、握持、动作等身体经验。这些学习者可能会提出"让我试一试"或"我能做做看吗"等要求。在遇到新任务时，如果直接上手进行尝试，边做边学，他们能做得更好。这些学习者需要有亲身实践的经验，因此，作为教练，你需要给予他们充分的动手机会。

如果你认为既然自己的学员对某种学习风格有特殊偏好，因此你的培训只需要针对他的这种偏好就行，那这样就大错特错了。你提供的材料不可能都迎合他们喜欢的风格，因此，培养这些学习者让其适应其他学习风格也大有裨益。

问题反思

■ 我的培训材料考虑到学员偏好的学习风格了吗？

■ 在迎合他们学习风格的偏好之余，我也确保训练他们适应其他类型的学习风格了吗？

理论 3　大卫·科尔布：体验式学习循环

使用这个理论，你就能保证自己学有所获。

科尔布（Kolb）认为，我们只有对经验进行处理，并理解其内容之后，才能从中学习。经验本身不足以帮助我们学习，能帮助我们学习的是获得经验后的反思：如果自己当时采取不同措施，并积极尝试不同的应对方法且测试其结果，这样做可能产生怎样的结果。他将这个过程描述为一种循环模型，以下是其常见的图示：

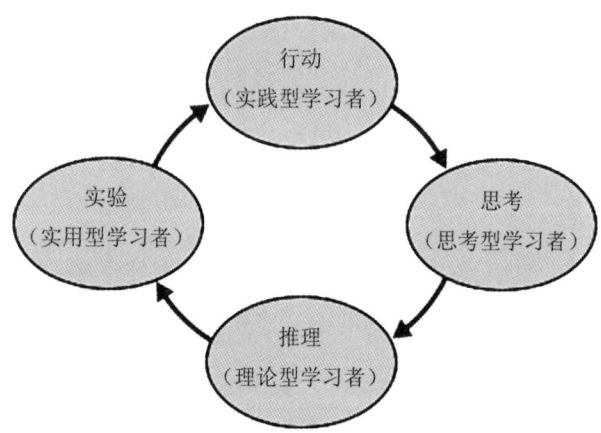

资料来源：Kolb, D.（1984）*Experiential Learning：Experience as the Source of Learning and Development.* Englewood Cliffs, NJ：Prentice-Hall.

科尔布描述了学习者偏爱某种特定学习风格时所具有的特征。

这些特征包括：
实践型学习者：虚心且热情，敢于尝试新事物。
思考型学习者：谨慎，乐于思考事情为什么以这种方式发生。

续表

这些特征包括：
理论型学习者：是喜欢对问题提出新颖见解的思想家。
实用型学习者：热衷于应用新思想的实验者。

　　科尔布解释说，这个循环没有固定的切入点（例如，如果学习者偏爱理论型学习风格，他们就会直接从该点切入循环），但学习者只有完整走完一个循环，他的学习才算奏效。

学以致用

　　这是一种简单、持久且有效的学习思维模式，并能为教练计划提供一个坚实的理论框架。我们可以采取许多测试来确定学生偏好的学习风格。其中最常见的一种是学习风格问卷（LSQ：Learning Styles Questionnaire），由艾伦·曼福德（Alan Mumford）与彼得·哈尼（Peter Honey）设计，其中包含 80 个问题，选"是"代表符合你的状况，选"否"则代表不符合你的状况。你回答"是"的问题会被录入一个方格之中，并与四大学习风格进行匹配。一般来说，完成 LSQ 问卷测试的人们会发现自己对其中一种、也可能是两种学习风格有所偏好。

　　对学习风格的有效理解能对我们筹备教练课程产生帮助。以下是这方面的一些建议：

学习风格	教练方法
实践型学习者	让他们接触新鲜事物：他们喜欢挑战难题。
思考型学习者	允许他们在行动前不急于下手，先听听讲解并进行观察：他们喜欢思考自己的任务。
理论型学习者	同他们一起研究想法和抽象观念：他们擅长学习广泛的知识，并以清晰的逻辑形式对其进行组织。

续表

学习风格	教练方法
实用型学习者	同他们一起完成技术任务，并允许他们尝试新的想法：他们在实际运用中会学得更好。

　　该理论的应用，需与哈尼和曼福德的 LSQ 问卷结合进行。笔者强烈建议你先做 LSQ 问卷，了解你身为学习者时的偏好。我发现许多教练采用的培训风格都能反映出自己学员的学习风格。只要所选择的练习适合学员个人的学习风格，这就毫无问题。

问题反思

- 我的学习偏好会影响我的教练风格吗？
- 我能保证自己的学员完整经历整个学习循环吗？

理论4 凯瑟琳·迈尔斯和伊莎贝尔·布里格斯：迈尔斯-布里格斯类型指标

> 了解这个理论，你就会明白人格在教练过程中起到的作用。

迈尔斯-布里格斯类型指标（MBTI）建立在四个不同的维度上，最先由卡尔·荣格（Carl Jung）提出，用以描述不同的人格。迈尔斯（Myers）和布里格斯（Briggs）提出，每个人都表现出一系列介于量表两个方向之间的性格特征：

迈尔斯-布里格斯量表：

外向型（E）◄──────────────────► 内向型（I）
　　该维度反映人们回应外界，并与之互动的方式。表现出高度外向型特征的人通常善于行动，并保持高度社交；而表现出高度内向型特征的人时常思考缜密，并喜欢独处。

感觉型（S）◄──────────────────► 直觉型（N）
　　该维度反映人们从外界收集信息的方式。表现出高度感觉型的人通常更关注事实和细节，喜欢动手实验；而表现出高度直觉型的人更关注形式和印象，喜欢猜测和想象未来的可能性。

思考型（T）◄──────────────────► 情感型（F）
　　该维度反映人们利用信息做出决定的方式。表现出高度思考型的人重视事实与客观数据，做决定时坚定、理性而客观；而表现出高度情感型的人更为主观，在做决定时受人的左右与感情的影响。

判断型（J）◄──────────────────► 理解型（P）
　　该维度反映人们处理外界信息的方式。表现出高度判断型的人做事有组织，有秩序；而表现出高度理解型的人更加灵活随意。

MBTI量表包含四个问题，每个问题下有两行描述，受测者需选出更符合其状态的描述。其回答反映出测试者个体的人格趋

于量表哪端的方向（E/I，S/N，T/F 和 J/P）。根据这些方向趋势，可以将测试者归类为 16 种人格类型之一。例如，测试者表现出具有外向、感觉、思考、判断趋势，那他就被归类于 ESTJ 型人格。

学以致用

使用 MBTI 量表，你就能了解你和你的教练对象在四大维度中所属的方向，并可以判断出你的教练风格与教练对象的学习风格是否兼容。以下是一些建议，以帮助你为每种人格制定不同的教练计划：

人格类型	使其更好学习的方式
ESTJ	要求其严格按照吩咐做事。
ESTP	学习现实事例：所见、所闻与经验。
ESFP	相信他们解决问题的直觉和能力。
ESFJ	让其在确定或可控的环境中行动。
ENFP	不要给他们布置每日重复或让他们不感兴趣的任务。
ENFJ	猜测他人的可能反应。
ENTP	思考新想法、新理论，而不着眼于细节。
ENTJ	避免对质和激烈讨论。
ISTJ	按规划清晰的日程和任务表办事。
ISTP	学习并理解事物运作的方式。
ISFP	根据具体信息，而非抽象理论办事。
ISFJ	旁观他人。
INFP	按照其个人价值观，而非逻辑分析来解决问题。
INFJ	以书面形式表达自己。
INTP	鼓励他们与他人分享其想法。
INTJ	单独工作，避免小组合作。

注意，虽然了解他人的人格能帮助你预测其行为，但这种预测并非完全准确。

问题反思

- ■ 我自己属于哪种人格类型？
- ■ 我准备的教练计划与特定的人格类型相匹配吗？

第二节

了解是什么在激励人心

简介

学习动机是一个很复杂的问题。其定义分为两种：一是敦促他人做事，即外在动机；二是自己内心希望做某事，即内在动机。关于学习动机的定义目前还没有一致意见，这令笔者十分惊讶，因为说到对人们进行培训或管理，使之成为高效执行者的时候，学习动机显得非常重要。

如果你想成为优秀的教练，你就要知道只有满足以下条件，教练对象才会受到激励：

- 教练对象意识到自己需要学习；
- 教练对象相信自己有学习潜力；
- 教练对象把学习放在首位。

如果你要培训他人，上述清单就很有价值。如果不满足以上三点中的任意一点，你就需要先解决这个问题，不然你的培训可能会无功而返。有许多理论对学习动机进行了描述。在这一章节，笔者将描述三个著名理论，来帮助你确保自己的教练对象具有足够的学习动机。

虽然三大理论各有区别，但它们都基于同一原则，即如果满足以下条件，你的学生将更乐意学习：

- 有良好的设施及设备供培训时使用；
- 教练对象在培训内容及方式上享有发言权；
- 教练在培训时热情饱满，态度亲切而不失专业；
- 树立既有挑战性、又有实际性的目标；
- 给予积极正面、有助提高的反馈意见。

学习动力低下不但会影响教练对象的学习能力，还会导致他们做出破坏性行为（见理论 26～28）。如果能让教练对象激发出足够的学习动力，你就不用担心他们出现行为问题。

理论 5 约翰·凯勒：动机设计的 ARCS 模型

使用这个理论，可以激发学习者的兴趣和动力。

凯勒（Keller）指出，他的 ARCS 模型不但可以让教练选择与训练目标相联系的教练策略，还可以激发学习者的兴趣和动力。ARCS 是注意（attention）、关联（relevance）、信心（confidence）、满意（satisfaction）的首字母缩略词，凯勒认为这是影响学习动力的四个变量。

模型的关键部分可以概括为：

注意：人们会因为以下三种情况集中注意力：（a）知觉唤醒——声音高低、灯光强度、周边环境等的变化或收到刺激性讯息；（b）激发探究——给出问题，该问题只有教练对象习得新知识或新技能后才能解决；（c）变化——加入变化，以防教练对象感觉无聊并转移注意力。

关联：关联强调让教练对象知道他们为什么要在指定项目上花费精力的重要性。这可以通过下面的三种方式实现：（a）目标定向——向教练对象描述新知识或新技能将如何帮助他们实现当前或未来目标；（b）动机匹配——了解如何优化教练对象的动力结构，引导其进入良好的学习氛围；（c）熟悉化——如果教练内容与教练对象的过往经历有所关联，他们将会对其兴趣大增。

信心：这突出了让教练对象相信自己能够成功的重要性。信心能通过以下三种方式提高：（a）学习要求——提出对他们的期望；（b）成功机会——给予一些能快速取得进展的任务；（c）自控能力——让教练对象对自身的发展有主人翁意识。

满意：满意即教练对象完成任务之后的自我价值感，表现为以下形式：（a）自然结果——获得新技能或新知识之后所感受到的一种满足；（b）积极结果——习得新技能或新知识后，他们即可获得金钱、晋升或特权等利益。

凯勒认为，他的模型有助于将教练活动与教练对象的目标相结合、给予教练对象激励并提供适当的挑战。

学以致用

凯勒的 ARCS 模型将为你提供了一种教练策略。该策略基于更好地理解是什么让学习者渴望并愿意参与整个课程，了解如何让学习者保持兴趣，并使你的课程对你自己和学习者都更有吸引力。以下是如何使用该模型的一些提示：

■ 第一，你需要吸引教练对象的注意力。做一些动作或说一些话来吸引他们坐下听讲。通常来说，以一组惊人的事实或是数据作为开场白十分有效。或者，你也可以给出一些棘手的任务和问题。关键在于让教练对象感到好奇，激发他们的学习兴趣。

■ 第二，让教练对象理解课程内容是如何与他们产生联系的。教练对象需要知道课程内容，告诉他们课程结束后他们能学到什么及其产生的影响。一个不错的技巧就是给教练对象讲述一些案例，告诉他们别人在接受培训后所取得的成就。

■ 第三，不要对教练对象提出不切实际的期望，这样会吓跑他们。让教练对象建立信心去达成你的期望。如果教练对象在培训的任何方面遇到困难，告诉他们你不是绝对正确的，你也会为了克服困难而努力拼搏。

■ 最后，教练对象如果出色地完成任务，他们希望得到认可。你需要全程给出适当的反馈，而非仅仅在培训完成之后。教练对象付出的努力需要得到赞扬，这和赞扬他们所取得的成果一样重要。如果教练对象对自己的成果感到满意，引导他们思考如何采取下一步行动。

问题反思

■ 我对自己的教练对象有多了解？

■ 我是否精心设计了自己的教练内容，以确保这些内容对教练对象来说既易于理解又富有挑战性？

理论 6 道格拉斯·麦格雷戈：X 与 Y 理论

使用这个理论，你就能明白如何对教练对象使用恰当的激励技巧。

麦格雷戈（McGregor）的理论最初用于分类管理者。该理论基于一系列代表极端管理理念的假设。

X 理论假设，管理者认为大部分人：
会尽可能避免付出努力；
需要敦促；
没有雄心壮志；
缺乏创造力。

Y 理论假设，管理者认为大部分人：
愿意努力工作；
愿意承担工作责任；
怀有雄心壮志；
富有创造力。

麦格雷戈的理论反映到教练活动当中，会得出以下结论：

■ 相信 X 理论的教练依靠施压和外部刺激来改变教练对象行为，且认为自己有责任安排培训内容并激励教练对象。

■ 相信 Y 理论的教练则希望教练对象因为内在期望而改变自身行为，且认为他们有责任创造一个使人自律的环境。

当然，在以上阐释当中，不是所有相信 X 理论的教练都很严苛而所有相信 Y 理论的教练都很亲切。考虑到教练对象的天性以及矫正行为所处的环境，教练可能会同时使用以上两种方法。

学以致用

现在的坏消息是：你管理或培训的一些教练对象属于 X 类型。他们对学习无动于衷，而且抗拒改变（见理论 26~28）。如果这让你大受打击，请直接转到库伯勒·罗斯的理论中查看建议（见理论 72）。等到经过了惊怒阶段，你就到达了谈判阶段。在这个阶段，你得决定是接受现实并继续教练还是尝试扭转现状。你可能需要采取强硬手段，或者思考出一个折中策略，既给予外部刺激，又想办法提高他们希望改变的内心期望。重要的是，无论你做出何等选择，都要得到自己团队的支持。以下是这方面的一些提示：

■ 基于 X 理论的教练风格是命令、控制和威吓。这种风格是为了让你的教练对象明白他需要做的事情以及不这么做的后果。（见理论 14~16）。

■ 基于 Y 理论的教练风格是合作与良好的工作关系。这种风格适用于对教练对象的做事方式提出建议，并激励他们自立自强、不断进步（见理论 17~22）。

在教练过程中，一直采用 Y 理论、排斥 X 理论的做法并非一直正确。你可能需要采取两种理论之间的折中做法。如果你在指导时，尤其是在对一群人展开培训时，一直混合使用不同的训练方法，那么你就得小心谨慎了。因为区别对待群体中的不同成员，可能会导致其中一些教练对象抱怨你怀有偏心。

问题反思

■ 我是基于 X 理论的教练还是基于 Y 理论的教练？
■ 我采取的教练方式考虑到教练对象和教练环境了吗？

理论 7　弗雷德里克·赫茨伯格：保健因素和 KITAs

> 了解这个理论，你就会明白工作中哪些因素让人满意，哪些因素招致不满，以及如何影响这些因素。

赫茨伯格（Herzberg）认为，工作中有两个因素会影响员工的满意度。他用"激励因素"来描述带来满意的行为，用"保健因素"来描述超过员工接受度之后会招致不满的行为。激励因素包括成就、认可、责任等；保健因素则包括付出、工作环境、监督等。

赫茨伯格强调，减少保健因素不会自然而然地提高满意度。他使用术语"KITAs"（字面意义是"踢一脚"——也不完全算是字面意义了）来描述达不到效果的激励策略。

无效激励策略：
负面的行为 KITAs：包括咆哮、尖叫、恐吓及其他任何形式的威吓行为。
负面的心理 KITAs：包括形式更微妙的威吓行为、玩弄情感，以及其他形式的精神虐待。

赫兹伯格认为，最强有效的单项激励因素是取得成就。害怕失败不会激励人们，激励人们的是成就感以及取得成就之后赢得别人的认可。

学以致用

不要认为只要你作为教练，只要减少教练对象的抱怨因素，他们就会获得满足——你只不过是减少他们的不满罢了。例如，由于教练对象觉得你对他们不够友善，于是你便面带微笑，再对他们开个滑稽的玩笑。这样他们不再对你的人格感到不满，但是根据赫茨伯格的理论，你仍然没有创造出激励因素。你得时刻留意那些真正可以激励教练对象学习的因素。以下是这方面的一些建议：

■ 了解教练对象偏好的学习风格，准备对其胃口的教练课程（见理论 2~4）。设置富有挑战又符合实际的目标（见理论 11~13）。如果目标太困难，教练对象就可能消极怠工；如果目标太简单，教练对象就可能自我膨胀。如果教练对象在教练活动中取得了一些成果，请在团队中公开表扬他们。

■ 随时随地给予积极反馈。千万不要低估那些零零散散的"干得漂亮"和"真棒"的力量。公开给予肯定，会激起教练对象惊人的斗志和动力。

■ 千万避免使用无效激励策略。在现行的就业法中，进行人身威胁和心理恐吓都属于违法行为。就算没有就业法，在培训时使用暴力或玩弄教练对象的意志也绝非人道行为。

问题反思

■ 我对能激励教练对象的因素了解多少？
■ 我善于对教练对象所取得的成就进行表扬吗？

第三节

做一个优秀的沟通者

简介

　　笔者曾经参加过一个为期两天的教练课程，与团队中的其他人一起学习如何成为高效的管理者。我们正在准备一个关于团队协作的演示文稿，等着教练发表意见，但他只是坐着，他坐了一整天，无动于衷，一言不发。我们只能继续做演示文稿。第二天我们回去的时候，他依然还是坐在那儿。上午 10 点左右，我们做完了一系列幻灯片，上面陈列着我们的想法。正当我们满意于自己的创作成果时，教练突然说，"嗯，幻灯片太多，过程太少。"这让我们十分震惊，甚至开始怀疑自己对演示文稿的设计理念。

　　笔者还记得，我 21 岁那年，作为一名培训老师，看到上课不听讲的学生，感觉沮丧不已，于是脱口吼道，"你们是我带过最差的一届学生。"而课堂里的一个学生回答说我昨天已经对其他小组讲过同样的话了。这么做只能使笔者威信下降、更难管理整个班级。

　　通过这些例子，笔者想说的是，为了进行高效沟通，我们需要以最有效的方式传递出清晰的信息。良好的沟通与有效激励相互关联，因为沟通是为了传递思维，而非传递信息：学生需要理解你传递的信息，而不是听到你说的话。

　　这一章节中涉及的理论，首先是最基础、也可能是最常用的沟通模型，然后是关于人们在收发信息时思维状态的两个理论。笔者保证，只要把这三个理论结合起来，你就能成为更高效的沟通者。

理论 8　迈克尔·阿盖尔：沟通周期模型

> 应用这个理论，你就能避免沟通中断。

阿盖尔（Argyle）指出，为了有效开展任何形式的教练活动，教练必须完善自己的沟通手段。他认为沟通是一项可以提高的技巧，可以抽象为一个线性模型，其中包含六大核心部分。该模型如下图所示：

产生想法　编码信息　沟通渠道　接收信息　解码信息　理解信息

与教练相关的核心部分可以概括为：

产生想法：教练产生想在客户身上试行某种办法来改善其表现的想法。

编码信息：教练开始思考阐明想法的途径。

沟通渠道：教练决定传递信息的沟通渠道（口述、书写或示范）。

接收信息：教练需要证明客户已经接收到信息。

解码信息：客户分解信息，并分析其含义。教练需要确认信息已得到了快速而准确的解码。

理解信息：教练需要确认客户已经充分理解信息。

阿盖尔模型的变化形式中包括反馈周期，该周期从已经理解的信息到最初想法之间形成一个圆环，因此更像一种循环模型，而非线性形式。

学以致用

阿盖尔模型可能是最简洁、最常用的沟通模型。该模型基于以下原理：首先要有信息发出者（教练）和接收者（教练对象），然后确定信息（教练想要达成的目标）以及传递信息的一种方法——指导（见理论 14~16）、展示（见理论 17~19）、促进（见理论 20~22）、激励（见理论 23~25），最后确认信息已被接收并理解。但是，如果沟通受物理屏障、心理障碍或语义误解阻碍就会出现问题。为了避免出现这种情况，以下是一些提示：

■ 物理障碍：没有听清或者读懂信息可能会造成这一问题。如果有外部噪声，或者没有告知拼写错误和设备故障，这一情况就可能会发生。因此，不要在有干扰物的地方进行培训，确保不管是口头交流还是书面交流都清晰明了，并在培训前测试所有设备，检测其功能是否正常。

■ 心理障碍：教练关系中缺乏尊重和信任可能会造成这一问题。对此，史蒂芬·柯维（Steven Covey）在《情感账户》（*Emotional Bank Account*）一书中做出了绝妙的比喻：双方以良好行为的形式"存款"，以不良行为或违背承诺的形式"兑现"或"取款"。而过度"取款"会使培训关系破裂。因此，想要维持情感信誉，就要倾听他人讲话，思虑周全、满足他人需求，并完成承诺、信守诺言。

■ 语义误解：使用教练对象无法理解的语言或意义可能会造成这一问题。这个建议听起来如何？就像真空诱导鸟类的卵子，作为隐含主体的衍生物，绝对不能把信息回传给自己的前身：主体。看看你花多长时间才能理解这个句子。

避免出现这些障碍的一个好方法是向自己的教练对象搜集反馈意见。确保他们能听到并理解你的信息，并且不会以你缺乏教练权威为由而产生质疑。

问题反思

- 存在影响教练活动的干扰因素吗？
- 我的教练指令清晰易懂吗？
- 对于教练对象来说，我的情感信誉良好吗？

理论9　艾律克·伯恩：沟通分析

> 了解这个理论，你就会明白你的思维状态是如何影响沟通质量的。

伯恩（Berne）认为，我们与他人交流时的思维状态会影响他人在交流中的接收、理解和反应能力。他将人们沟通时的思维状态，即自我状态划分成五种类型，如下图所示：

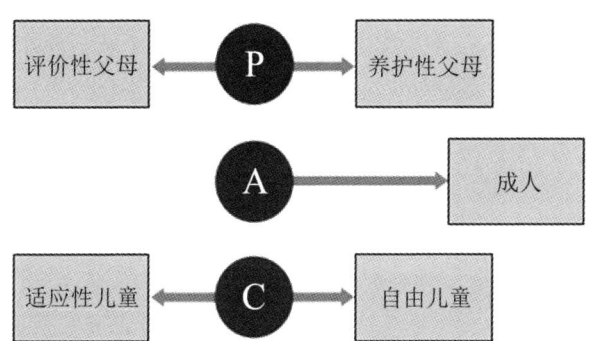

资料来源：改编自 Berne, E.（1964）*Games People Play: The Psychology of Human Relationships.* London：Penguin.

自我状态在教练活动中的体现：

评价性父母：教练相信自己的做法绝对正确，因此专横独断，教导教练对象如何行事。

养护性父母：教练对教练对象表示关心，并对其提供建议和支持。

自由儿童：教练敢于向别人分享自己的感受。

适应性儿童：教练鲜少在公众场合表达自我感受。

成人：教练以冷静而理性的方式表达自己。

伯恩提到，通常来说，在成人状态下开展的教练活动最有

效，但是也有在父母状态，甚至儿童状态下更有效的情况。

学以致用

　　笔者曾与一些中层管理者共事于一家大型英国汽车制造公司。凯伦，团队中唯一的女性，说她的直属上司把她的生活弄得一团糟。她一直受排挤，上司以嘲讽的口吻对她说话。她的上司明显处于"评价性父母"的状态中。而凯伦不得不进入"适应性儿童"状态来顺应其上司。这就导致凯伦的上司可以为所欲为，而凯伦则在工作时感到沮丧难过。

　　而应用伯恩模型后，凯伦不再缺乏自信、伏低做小，她开始思考"为什么上司要吩咐她做事？""他们如何合作才能解决问题？""她如何辅助上司完成工作？"等问题，最终她将工作状态从"评价性父母使唤适应性儿童"转变为"成人与成人共事"，从而构建出一种更满意的工作关系。

　　如果要应用伯恩模型，以下是一些建议：

■ 分析你与他人共处时处于哪种自我状态（上述五种状态都有可能）。

■ 认识到你可以进入任何一种自我状态。

■ 认识到：

——"家长命令儿童"或"儿童顺从家长"状态在短期内可能获得效果。

——"家长与家长共事"状态可能会导致摩擦，尤其是双方都处于"评价性家长"的状态时，情况就更是如此。

——"儿童与儿童共事"状态可能会导致惰性，尤其是双方都处于"适应性儿童"的状态时，情况就更加严重。

——如果要取得长期成果，"成人与成人共事"才是最好的状态。

■ 用"如何做""做什么""何时做"和"为何做"等问题作为互动的开端，这样能使沟通进入"成人与成人共事"的状态。只要有毅力，你就能最终达到这个目标。

这是一个强有力的教练手段。如果你只想学习一部分教练理论，那一定要学习这个理论。

问题反思

■ 我与教练对象交流时处于正确的思维状态吗？

■ 我认同教练对象的思维状态吗？

■ 我在沟通时的自我状态是否正确？能否取得长期而满意的结果？

理论 10 乔瑟夫·勒夫和哈里·英格拉姆：乔哈里视窗

> 应用这个理论，你就能评估自己给出或接收反馈的能力。

勒夫（Luft）与英格拉姆（Ingram）提出，通过了解你的自我知识水平和别人对你的知识水平，你能更好地理解有效沟通。越是开放，且越乐于接收他人的反馈，就越能更好地沟通。他们研究出了"乔哈里视窗"（分别取自其姓氏）来描述这一情况。该视窗划分为四个区域：开放区、盲点区、隐藏区和未知区，通常表示如下：

开放区	盲点区
隐藏区	未知区

资料来源：Luft, J. and Ingham, H. (1955) *The Johari Window: A Graphic Model of Interpersonal Awareness*. Proceedings of the Western Training Laboratory in Group Development. Los Angeles: UCLA Extension Office.

这些区域的大小取决于人际传播双方对传播内容的了解程度。

对四个区域的描述：

开放区：双方都知道的信息。

盲点区：己方不知道但是对方知道的信息。

隐藏区：己方知道但是对方不知道的信息。

未知区：双方都不知道的信息。

勒夫与英格拉姆设计了一个人格测试，来帮助人们测试他们了解自身的程度与他们对自身的了解与别人对他们理解的关联程度。他们认为，如果将测试的回答映射到一个网格上，那该网格生成的视窗窗格并不均等。在产生有效沟通的理想视窗中，最大的区域应为开放区。

学以致用

　　教练仅仅分享自己的信息不一定能扩大开放区。你应该善于掌握你的教练对象对你的了解和感觉。如果你不耻于接收他人的反馈，这将减少盲点区的大小。如果教练希望获得更开放的沟通视窗，以下是一些建议：

　　■ 不要害怕请求别人提供反馈信息。确保你的教练对象明白你希望获得反馈，并且你在意他们的观点。不要表现得好像自己无所不知，或完全照他们说的去做。即使你理解并尊重他们的想法，你也不一定非得总是赞同他们。

　　■ 乐于分享自己的信息。让教练对象知道你的想法，这有助于他们理解你想要他们达成的目标。

　　■ 乐于接收反馈来进一步了解自己。如果教练将教练活动视作一项单线过程，那他们常常会忽视自我探索的作用。如果你与教练对象一起工作，这将变成一种共同探索的过程。重要的是要意识到：如果不知道何处需要做出改变，你就无法改变自身或他人。自我探索和共同探索的过程将帮助你解决这一难题。

　　笔者十分欣赏乔和哈里两位先生，他们创造的乔哈里视窗应用范围居然如此之广。不但教育学家应用这个视窗来分析人们给出或接收反馈的能力，这个理论甚至还能应用在商业分析中，作为一种心理测验方式来评估人们的开放程度。

问题反思

- 我无法分享自己想法的因素是什么?
- 我如何才能更乐于接收他人对我的反馈?

第四节

设定正确的目标

简介

　　设定目标是教练过程的开端，也可能是其中最重要的部分。确立目标的过程可以让人集中注意力、影响行为举止，因此会对他的表现产生直接作用。目标越是明确、具体、易于衡量，就越能有效改变人们的行为。确立与组织及个人需求相关联的可行性目标能大幅激励教练对象。为目标设置完成期限也能使人产生紧迫感。这一过程可以缩略为"SMART"，即详细（specific）、明确（measurable）、可行（achievable）、实际（realistic）、即时（timely）的首字母缩略词。近年来，该缩略词扩展为"SMART-ER"，因为其中加入了激励（exciting）和回报（rewarding）。

　　假设教练需要和教练对象共事，解决一系列关于知识、技能、情感等的问题，那教练就需要一个确立目标的框架，使目标既难易适中，又符合"SMARTER"概念。这一节将介绍一种包括知识、技能和情感在内的学习目标层次结构，这被称为"学习领域"：

- 智力发展属于认知领域。
- 技能培养属于动作技能领域。
- 感觉和情绪发育属于情感领域。

　　每个领域中，都有一个从最基本到十分复杂的结构来指示学习等级。这个结构称作"分类法"。在分类法中，在进入可能出现的下一等级之前，一定要完全掌握前一等级的知识，这十分重要。为了描述如何应用下列理论，在每个条目中，笔者都会以学习驾驶为例——因为大部分成年人都会有这种经历。我将在每个类别中分别讲述教练什么、如何教练以及在哪里教练，并对教练对象的学习情况进行评估。看看你是否能适应并采用每条应用方法来满足自己教练对象的需求。

理论 11   本杰·布鲁姆：认知领域的层级

> 应用这个理论，你就能提供最恰当的支持手段，来帮助教练对象发展智力。

虽然布鲁姆（Bloom）对教育分类法的所有三大领域都做出了贡献，但正是他在 20 世纪 50 年代中期关于认知领域学习的工作为全世界教师、培训者以及教练制定并使用的学习目标提供了思想基础。

布鲁姆教育目标分类法分为六个层级，以下是对它们的描述：

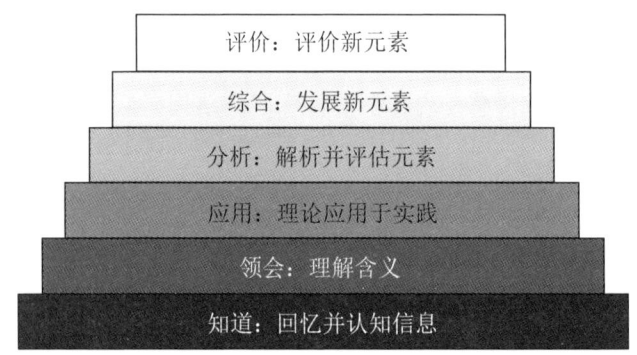

评价：评价新元素
综合：发展新元素
分析：解析并评估元素
应用：理论应用于实践
领会：理解含义
知道：回忆并认知信息

资料来源：Bloom, B. S., Engelhart, M. D., Furst, E. J. et al.（1956）*Taxonomy of Educational Objectives：The Classification of Educational Goals. Handbook I：Cognitive Domain. New York：David McKay Company.*

布鲁姆指出，在接触更高级智力发展阶段之前，理解并能够应用知识显得至关重要。

学以致用

假设你正在培训学员开车，让他们学习知识以通过驾照考试。司机学员会尽量在教室里学完基本知识。以下是你帮助他达到所有层级的办法：

■ 在初级阶段，你希望司机学员能够背出交通规则，并且一问就能答出刹车、油门等控件在哪里。对此，简单的问答以及多选题都很有效。

■ 到了第二阶段，你希望司机学员能够解释或分析给定场景的含义。例如，询问他们如何确定发生了事故，或者换挡时没踩离合器会出现怎样的后果。

■ 在学员证明自己理解并掌握基本知识之后，可以让他们在现实情境中应用这些知识。这时可以给司机学员更复杂的驾驶情景，看他们的反应如何。

■ 分析和综合是分解概念的组成部分并建立新实体的过程。学习驾驶的例子可能不足以解释这一点，但是将学过的知识转化为其他概念就属于这样的类型。

在计划、传递和评估方面，认知领域可能是最直观的领域。教开车的教练不一定要会亲自开车，教练活动也可以在线上完成。教练可以通过是非判断题来评估教练对象的学习状况。

现在你可以试着在自己的教练活动中应用这个理论。

问题反思

■ 我将在哪个层级上设立目标？

■ 我是否同意教练对象的观点？

■ 我如何知道我们何时达到了需要的等级？

理论 12 阿维恩德拉库马尔·戴夫：精神动机领域的层级

> 应用这个理论，你就能提供最恰当的支持手段，来帮助教练对象培养技能。

在精神动机领域的教育目标分类法中，最为杰出的是戴夫（Dave）发表于 19 世纪 60 年代末的理论。该理论针对成人学习，是该领域最常用的一种理论。

如下所示，戴夫的分类法基于五个层级：

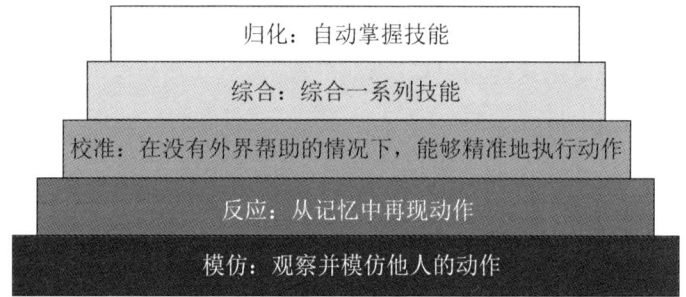

资料来源：Dave, R. H.（1970）'*Psychomotor levels*' *in Armstrong, R. J.（ed.）Developing and Writing Behavioral Objectives.* Tuscon, AZ：Educational Innovators Press.

戴夫认为，人们在获得更高层级的技巧之前，应该首先掌握观察模仿技能，然后通过回忆再现动作技能。

学以致用

假设你正在指导司机学员，让他们掌握所需技能通过驾驶考试。司机学员需要在驾车过程中更好地掌握基本驾驶技巧。以下是帮助他达到所有层级的办法：

■ 开始教练时，先示范如何完成踩离合器、换挡等操作，每示范完一个动作，让学员重复这个动作。

■ 等学员可以正确地重复示范动作之后，让他们根据口头指令完成该动作。

■ 接着让学员在没有协助和指导的情况下精确地完成一系列动作，比如来回换挡或者直线驾驶。

■ 然后让学员上路进行实际操作，让他们适应并将之前所学的一系列动作整合进驾驶流程里，最后达到验收标准。

■ 等学员可以下意识地完成以上动作（他们能不假思索地精准完成动作）时，他们就能参加测试了。

■ 注意，下意识成功阶段之后就是下意识失败阶段（在这个阶段中，学员不会意识到自己操作失误）。不要让他们因取得成功沾沾自喜，从而陷入这个阶段。

精神动机领域的教练理论没有认知领域的那么直观，因为它要求教练演示技巧并判断学员的表现好坏，而这种判断不是基于简单的是非评价，因此可能需要进行解释。

现在你可以试着在自己的教练活动中应用这个理论。

问题反思

■ 我是否已经决定要在哪个层级设立目标？

■ 我是否同意自己教练对象的观点？

■ 我如何知道我们何时达到了需要的等级？

理论 13　大卫·克拉斯沃尔和本杰明·布鲁姆：情感领域的层级

> 应用这个理论，你就能提供最恰当的支持手段，来帮助教练对象发展感觉和情绪。

克拉斯沃尔（Krathwol）和布鲁姆（Bloom）构建了关于态度和情感发育的结构。该结构是一个五层模型，通常表示如下：

价值体系个性化：接受新的观念体系

组织价值观念系统：协调自身价值观与现有价值观之间的冲突

形成价值观念：感知到学习的意义并发表个人见解

反应：回应并参与学习活动

接受：乐于接受学习经验

资料来源：Krathwol, D., Bloom, B. S. and Masia, B. B. (1973) *Taxonomy of Educational Objectives：The Classification of Educational Goals. Handbook II：Affective Domain.* New York：David McKay Company.

克拉斯沃尔和布鲁姆指出：在这个模型中，最基本的因素是愿意接受感觉与情绪的变化，以及希望得到改变的真诚愿望。

这可能是三大领域中大多数教练觉得最难入手的领域。与另外两个领域的分级法相比，情感领域的分级更模糊，尤其表现在第三、第四和第五级之间，因此也显得更为复杂。

学以致用

假设你正在指导司机学员，让他们克服驾驶时遇到的恐惧与情感障碍。让司机学员离开车辆和教室，在外面找个安静的地方来学习关于感觉和情绪方面的知识，这样效果才更好。以下是帮助他达到所有层级的办法：

■ 首先找到一个合适的地方，让学员讨论他们在学习驾驶时遇到的心理和身体方面的任何问题。这可以是一对一的单独辅导，或是在小组当中进行；总之找一个让学习者觉得舒服的地方就行。

■ 和司机学员讨论驾驶以外的事情，从而与他们建立融洽的人际关系。

引导司机学员探索在驾驶过程中导致问题的因素，并让他们思考这个因素为什么限制了他们的能力。不要对自己不理解的问题讨论得过于深入。如果这些物理或心理方面的问题超出了你的认知水平，就请他们去咨询专业人员。

■ 如果学员可以证明其观念正确，并能进行量化描述，那就引导他们思考可以对此采取什么措施。

■ 不要直接回答学员的问题：让他们自己思考。

乍看之下，这个模型和学习驾驶之间的关联并不明显。只有开始学习这个模型之后，你才会开始理解它的应用方法。其中包括教练检测学员是否对上路怀有恐惧，以及他们是否对路上其他车辆缺乏关注。教练要有价值判断能力，但这种判断不一定有正确答案。

现在你可以试着在自己的教练活动中应用这个理论。

问题反思

■ 我是否已经决定要在哪个层级设立目标？

■ 我是否同意自己教练对象的观点？

■ 我如何知道我们何时达到了需要的等级？

.

第五节

通过指导来教练

简介

指导他人并告知其做什么是行为主义者的做法，这种做法是基于刺激和反应的原则。这种做法需要教练领导，要求教练掌控需要完成的任务、完成任务的方法以及确定出现什么证据才算发生了行为改变。行为主义的前提是人群需要领导，并且如果用人们想要的（奖励）和人们畏惧的（惩罚）来激励他们，他们就会做出相应的回应，并且行为也会有明显的变化。

该理论可以追溯到 19 世纪末关于人类如何表现并导致心理学科诞生的研究之中。支持行为主义的许多理论都由研究动物的心理学家提出，然后将这些理论转移到人类身上。

虽然以现在的眼光看来，有些理论的研究方法不够人道，但行为主义学仍是 20 世纪教练方法的基础，而且在教练不够成熟的学生、完成需要精确操作的工作以及危及健康的环境中，该理论仍然十分有用。当然，也有人批判行为主义学。他们认为行为主义学是一个专制、以传播为导向的学科，限制人的自由，违背人的天性。

在这一节中，我从行为主义学派中选取了三个理论。其中，两个是经典理论，第三个则是现代理论，着眼于告知人们做法后所产生的影响。在这三个理论中，教练的工作就是掌控并指导教练对象。

理论 14　伊万·巴甫洛夫：经典条件反射

当你想减少人们对课程的负面情绪时，请使用此理论。

巴甫洛夫（Pavlov）对我们理解人们的学习方式做出了贡献，这些贡献源于他作为生理学家的工作以及他对狗的消化道分泌物所做的研究，他也因此在 1904 年被授予诺贝尔奖。

他的研究表明，给狗喂食（一种不受约束的刺激）会引起狗流口水的反射行为（无条件的反应）。在进行刺激前增加一个步骤（敲响铃声），隔一段时间后不再进行刺激（给狗喂食），那么只要铃声响起狗就会流口水了。他将这种现象称为"条件反射"，因为狗已学会将食物与铃声联系在一起。

在后来的实验中，巴甫洛夫发现了如果狗最终意识到铃响后没有出现食物，那这种条件反射就会消失。他用了"经典条件反射"（classical conditioning）这个术语来形容这种反射现象。经典条件反射的原理标志着把心理学确立为一门科学学科已经迈出了突破性的一步，并影响了其他行为主义心理学家的工作。

学以致用

作为教练，有时你会发现你的教练对象不愿回应你要求他们做的事情。这可能仅仅是因为他们作为个体不愿意参与练习（见理论 5~7），或者他们对训练主题深感恐惧。如果设法消除他们对训练主题的负面反应，就可以解决很多人在教练过程中的消极性或恐惧症。以下是有关如何执行此操作的一些提示：

■ 首先，在让教练对象意识到实验对象与他们之间所存在的关联之前，检查他们对训练主题产生负面情绪的根本原因。

■ 试着通过给出一些简单的任务来消除训练失败给教练对象带来的心理压力。在逐步增强教练活动的强度之前，让他们取得一些成功。

■ 最后，在他们完成任务时一定要不吝于表扬。如此一来，学员就会期待参与这样的训练主题。

在这里我们需要明白一点：你不可能在一夜之间把一个对数学怀有恐惧的人变成伯特兰·罗素甚至是卡罗尔·沃德曼，但你至少可以和别人一起帮助他们克服对数学的害怕心理。

问题反思

■ 我是否擅长引导教练对象反省他们对这个主题产生负面反应的根本原因？

■ 我是否提供了足够的刺激来帮助他们解决这种负面情绪？

理论 15　埃德温·格思里：接近理论

当你想让别人把坏习惯改成好习惯时，请使用此理论。

虽然格思里（Guthrie）属于传统行为主义者，但他拒绝接受其他行为主义者的观念，即条件作用需要（积极或消极的）强化才能成功。相反，他认为，一旦你从一个行动步骤中取得成功，你就会习惯性地重复这个行动，并期待能取得同样的成功，直到发生某些事情，导致产生不同的反应。他将此称为"接近理论"（contiguity theory）。

格思里认为：虽然你不能打破一个人的坏习惯，但你可以让他用好习惯取而代之。

这可以通过以下方式实现：

阈值法：首先降低刺激水平，从而使人们觉得自己似乎根本不必对这样的刺激产生负面反应。

穷竭法：继续进行刺激，直到个体达到"疲劳"程度。在这个阶段，他们将不再有行为不良的想法，其反应也从消极变得积极。

不相容法：呈现一种刺激，让其产生与糟糕行为不相容的行为。

为了引导别人改变行为，格思里主张，当与团队合作时，教练应该关注教练对象作为个体的所作所为，而不是他们团队作为一个整体的表现。在这方面，他认为，一般的团体行为不能代表个体的行为类型。

学以致用

我来讲一个真实的故事。

几年前，几个年轻的小伙子让我不胜其烦。他们每天晚上7点左右都会在我家外面大声播放音乐。于是我去要求他们降低音量，但他们对我不理不睬。第二天晚上，我礼貌地请求他们把音量调小一点，他们仍旧充耳不闻。一周以后，我告诉他们我开始喜欢他们播放的音乐了，并给出2英镑，请他们第二天晚上继续前来表演。他们如约而来，又播放了音乐。我邀请他们第三天晚上再来表演，但只给出了1英镑。他们抱怨说得到的报酬只有以前的一半，但还是回来播放了音乐。我告诉他们第四天晚上可以还来表演，但这次我没有支付任何报酬。于是其中一个小伙子说，"我们什么都得不到的话怎么会继续给你演出呢……"然后就嘟囔着走开了。后来我再也没见过他们。

我所做的其实是用一种外部刺激（金钱）来取代他们想要惹恼别人的内在欲望。使用格思里的"阈值法"，我将刺激水平降低，使得刺激不再具有预期效果，于是那些小伙子就不愿意继续播放音乐了。我本可以用"穷竭法"，即根本就不理睬他们，直到他们自己觉得没意思，只好去骚扰别人。但我不知道这样做需要耗费多长的时间。我想我还可以使用"不相容法"，以最大音量播放我的AC/DC黑胶唱片，从而掩盖他们播放的音乐。我不知道周围邻居会对此做出什么反应，但一想到自己都这把年纪了，这么做还会收到一张反社会行为令，于是我就放弃了。

作为教练，你可以想想如何运用格思里的理论来处理别人的坏习惯，——不管那是什么样的坏习惯。接下来你具体采用哪种方法取决于要处理问题本身的性质以及你能留出来解决问题的时间。

现在我承认：先前那个故事是我编的。因为我觉得（我的X类型直觉），如果你认为这是一个真实的故事，你可能才有兴趣把它读完。我原本应相信你无论如何都会读它，因为你内心渴望尽可能多地学习新知识（我的 Y 类型直觉）。（如果你想了解更多关于"X"和"Y"类型直觉的信息，请参见理论 6。）

问题反思

- 我是否擅长衡量客户身上坏习惯的严重程度？
- 我是否选择了正确的方法来帮助他们克服身上的坏习惯？

理论 16　罗伯特·默顿：自我应验的预言

当你想让你的教练对象充满自信时，请使用此理论。

虽然早在中国、希腊和印度的古代文明中，就可以在文献中找到自我应验预言的例子，但是这个表达是默顿（Merton）在 20 世纪 50 年代首次创造的。他将其描述为一种毫无根据的预测，这种预测会直接或间接地对其他人产生影响并最终成为现实。换句话说，一旦人们确信某件事情是真实的，那么无论客观上此事的真实性如何，他们都会根据自己内心的这种信念而采取行动。

默顿用他的理论来分析虚拟银行挤兑中发生的事情。这是他所讲述的故事梗概：

> 最后一家国有银行是一家有代表性的银行，拥有一些流动资产，但大部分资产都投资于其他企业。有一天，银行有大量客户前来提款。因为有谣言传出，说银行陷入了财务困境，这就导致很多客户涌向银行取款。最终提款的额度超过银行持有的流动资产总额，从而导致银行破产。所以，这个谣言虽然没有根据，但最终成为现实。

默顿认为，打破自我实现预言循环的唯一方法是重新定义最初预言所依据的那些假设。以上述挤兑事件为例，他认为正确的做法是：银行在一开始就要做出积极的声明或姿态，从而尽早结束谣言的流传。

默顿将这一理论与教练活动联系起来。他认为，那些倾向于陷入负面自我实现预言的人经常产生自卑心理，因为他们会对自己的表现做出过于苛刻的评价。这导致了他们往往对世界持悲观看法，并对自己改变环境的能力也持否定态度。

学以致用

下面这个故事涉及三种角色，他们都亟需进行一些积极的、正面的思考：

> 你怎么能把一个懦夫变成一个英雄，把一个笨蛋变成一个天才，甚至把一个感情白痴变成一个情圣呢？这正是弗兰克·鲍姆不朽的童话故事《绿野仙踪》中那个教练（以巫师的面目出现）所面临的挑战。他给了胆小的狮子一个勇气勋章，让注意力不集中的稻草人获得了教育文凭，而铁皮人得到的则是一个滴答作响的时钟（在创作童话故事的时期，克里斯蒂安·巴纳德还没有完善心脏移植手术）。这是一部经典之作，如果你不知道结局的话就去看一下这部电影。

永远不要低估你对教练对象所产生的影响作用。你在他们的生活中扮演着重要角色，因为你对他们的态度，足以决定他们的胜负成败。告诉他们注定要失败，他们可能会因此而认为失败是不可避免的结果。以下是一些关于如何利用自我应验效应取得良好效果的提示：

▪ 给教练对象一些相对容易的任务，并承认他们完成了这项任务。一句简单的"做得好"，或者和其他人一起庆祝成绩的取得就行了。

▪ 奖励付出和成就。确保让每个教练对象看到付出和成功之间的联系。

▪ 让他们与团队中的其他人分享学到的知识。在团队成员之间建立融洽关系，这样他们能够承认彼此的付出和成就。简单的点头赞赏或来一阵掌声，就显得很合适。

■ 让教练对象学会处理他们有时不可避免要遭遇的失败。支持他们从失败和成功中吸取经验教训。

巫师的方法很简单。他既有能力摧毁向他求助的每一个人，但又能赋予他们勇气、智慧和感染力，让他们产生自信，并最终获得他们所追求的品质。

问题反思

■ 我如何表达，才能激励教练对象变得自信？

■ 我如何在不使他们变得自负或傲慢的前提下做到上面这一点？

第六节

通过促进展开教练

简介

承认你不能完全控制教练过程，而他人可以对此做出富有价值的贡献，这是人文主义的一个重要原则。它是基于这样一种信念，即人类是自主的个体，可以自由地做出自己的选择。教练是一项以人为中心的活动，其中，个人在决定他们应该学习什么方面发挥积极作用。

人文主义的基本前提是人们天生具有学习的潜力，并且，当个人看到主题与他们相关时，学习就会变得很有意义。在这种情况下，教练是学习的促进者；他鼓励人们学习，而不是给他们确定具体的教学方法或技巧。

虽然人文主义运动的根源可以追溯到宗教和哲学，但却是 20 世纪初蒙台梭利和尼尔所做的工作才使它在教育中得以广泛应用。不过，该理论直到 20 世纪 40 年代才得到进一步发展。它在整个 20 世纪 60 年代和 70 年代得到普及，因为当时一群心理学家质疑行为主义方法的优点，他们认为行为主义对一个人的自决能力持有负面看法，而认知主义的方法在他们眼中又过于纠结于意义和理解。

随着这场运动的发展，越来越多的人能够就影响他们生活的问题做出决策，因此重点就以训练为中心转向以人为中心的学习。人文主义方法的支持者认为，人们不喜欢别人评价或评判自己，相反，他们喜欢看到自己的思想有机会被别人所理解。批评者声称，并非所有人在寻求或获得权利时都感到开心，他们认为有些人明显希望有人能告诉自己该怎么做。

我在本节中选择了三种理论，其中包括两位可能是最具影响力的人文主义者（马斯洛和罗杰斯）以及一位更为现代的人文主义者（梅齐罗）。教练在这三个方面的作用是放松管制并允许培训对象在该过程中享有一些自主权。

理论 17 亚伯拉罕·马斯洛：需求层次理论

当你想了解合作者的需求时，请使用此理论。

马斯洛（Maslow）以对动机的研究而闻名。他最著名的成果是推出了"需求层次"理论，在这种需求层次中，个人对学习的反应在任何时刻都要得到优先考虑。

需求层次分为两个阶段。两个较低的需求层次涉及学习的生理和安全方面（身体和心理安全）。除非较低层次的需求得到满足，否则人们无法升级到更高的需求层次。这通常用金字塔或几层阶梯结构来加以表达：

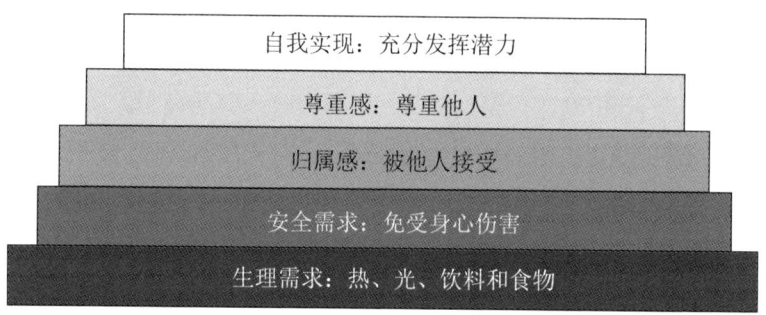

资料来源：Maslow, A. H.（1943）'*A theory of human motivation*', *Psychological Review* 50（4），pp. 370-96.

马斯洛认为很少有人能够充分体验自我实现的妙处，但很多人都有过"高峰体验"的感觉，即他们在掌握技能或分析信息方面获得了巨大的成就感。

马斯洛认为，虽然满足每个层次需求的动机可以由外在或内在的力量所驱动，但只有希望实现的内在愿望（内在动机）才在人文主义方法中受到重视。

学以致用

作为教练，不要以为你可以确保每个教练对象的需求都得到充分满足。人们能够并且确实是在各种满足状态下发挥作用。尽管举办教练活动的条件可能并非总是完美无缺，但他们仍然会对作为教练的你抱有一些期望，而这至少还是说得过去。下面的这些建议，旨在展示如何（完整或至少部分）满足教练对象的需求：

■ 人们希望在教练期间感觉舒适，因此确保照明、供暖和通风系统能够正常运行。增加饮水和上卫生间的时间。根据教练对象的需要来安排他们的座位。

■ 他们希望免受身心伤害，所以确保你能以恰当方式处理来自教练小组任何成员的威胁行为（见理论 26~28）。如果你正在对一个小组进行培训，请以积极、安全的方式公平对待小组中的所有成员。

■ 教练对象希望被教练和其他参与培训的同伴所接受，所以向他们表明你对他们的关心，并采取措施促进团队互动。抽出时间了解教练对象的兴趣，并让他们在培训实践中互相接触。

■ 他们也想为自己的成就而自豪，因此鼓励他们提出新的想法，并针对问题提出创新解决方案。

■ 受到你的赞美当然很好，但受到同伴的赞美效果就更好了，所以让他们与组内其他成员分享自己的想法。

■ 最后，教练对象会觉得既然自己已经接受了培训，就能够充分发挥自身的潜力。作为他们的教练，你必须对自己所能起到的作用做一个实事求是的评价。在庆祝成功时不要吝于赞美，但一定要肯定他们为此而付出的努力。

了解人们的需求并采用正确的方法来处理这些需求，将会对你产生很大的影响。这样说不仅仅是因为你身为教练，即使作为一个纯粹意义上的个人而言，情况也是如此。

问题反思

- 我是否为有效开展教练活动而创造了合适条件？
- 我是否擅长于让教练对象对他们自己形成一个正确的认识？

理论 18　卡尔·罗杰斯：促进行为

用这种理论来培养你在促进学习方面的教练技能。

罗杰斯（Rogers）是人文主义运动的推动力量，主张将学习过程中的重点从教师/教练转向学习者个体。这种转变意味着教练的角色从作为具有专长的权威提供解决方案变为促进教练对象形成个人的解决方案。

罗杰斯确定了三个要素，他认为这是构成有效促进手段的重要组成部分：

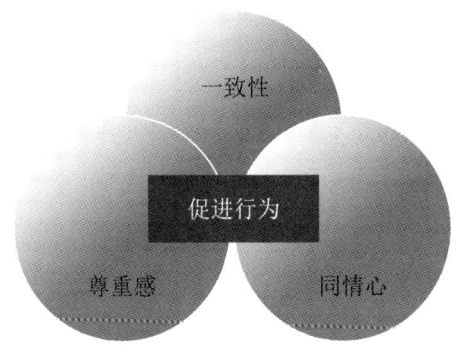

他将这些要素的主要特征描述为：

- 一致性：具有真实、正直的意识。
- 同情心：能够理解对方的情绪。
- 尊重感：表现出对他人的积极关注。

罗杰斯认为自己不能教会任何人任何知识，而仅仅是给别人创造一种便于有效学习的环境，这是他在理论中的指导原则。

学以致用

将促进作为一种教练方法，需要你更多地关注练习的方式，而不是关注练习的内容。这样做是为了让人们更轻松地学习。为了使用这种方法，你必须坚信自己的角色是主持人，而不是控制者或导演。如果你这样做时三心二意，那说明你采取的不是人文主义的方法。因此，重要的是看到良好的促进方法必须依赖的一些行为和行动：

行为

- 忠于自己，不害怕表达自己的感受。
- 愿意从他人的角度考虑问题。
- 接受他人，不带有偏见或喜欢挑刺。

行动

- 首先营造教练期间的情绪和气氛。在教练活动的开始阶段，你如何接触教练对象将对他们在教练期间的表现产生很大影响。
- 了解教练对象对教练活动所怀的期望。教练应和教练对象就教练结果形成统一认识，并将其白纸黑字地落实于纸面（这便于在教练期间随时参考）。
- 具备一系列可用的学习资源（练习、任务等）。
- 把自己作为一种灵活的资源供他人使用，不要害怕让自己成为教练过程的参与者。
- 了解别人从教练课程中学到了哪些内容。
- 愿意分享你自己对教练经历的感受。
- 接受批评意见，不要害怕承认和接受自己的局限性。

不是教练活动的实际内容，而是你在教练活动中表现出来的行为和动作，通常会激发教练对象想要了解更多关于教练主题的愿望。

问题反思

■ 我是否很不愿意表达自己对教练对象表现的感受？

■ 我是否从教练对象的角度考虑这些问题？

■ 我是否对他们的价值观和信仰过于挑剔？

理论 19 杰克·梅齐罗：转型学习

当你想影响人们产生更深远的变化时，请使用这个理论。

梅齐罗（Mezirow）认为，与其他类型的学习相比，转型学习会在人们身上引发更深远的行为变化，并产生更显著的影响或范式转变。

他发展了"意义视角"（meaning perspectives）这个概念；个人对世界的总体看法和意义图式；与个人经历相关的细碎知识和价值观。他认为意义视角的改变是对生活经历的反应，并为转型学习中所发生的变化提供了原材料。梅齐罗的转型学习理论基于三大主题，可以表述如下：

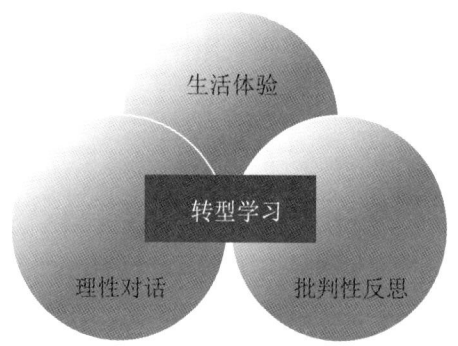

这三大主题可以概括为：

生活体验：为任何教练活动提供重要的起点。

批判性反思：是成人学习的显著特征，也是教练对象质疑自己的信仰和价值观是否有效的一种机制。

理性对话：引导教练对象探索他们的信仰以及价值观的深度和意义，并将其与自己的教练和同伴分享。

梅齐罗认为，反思和对话的结合能够鼓励教练对象改变他们对生活的看法，使其更加包容，这反过来会导致他们对别人具有更大的依赖性和同情心。

学以致用

老实说，并不是所有教练都喜欢采用转型学习，也不是所有的教练情况都适合这种学习方式，并且，也不是所有教练对象都能容忍自己的价值观和信仰受到挑战。然而，在某些绝对意想不到的情况下，你会觉得自己有责任向不可接受的行为宣战。一个典型的例子是，有时在教练活动当中，你发现有教练对象在发表具有种族主义或性别歧视的言论。对此，你是听之任之，还是主动出击？

以下是一些帮助你应对这种情况的要点：

■ 如果你决定与别人一起创造一个适于转型学习的环境，就必须避免使用强迫手段。永远不要把你的观点强加于人。

■ 鼓励人们进行批判性思考，并公开讨论他们的信仰。

■ 让所有相关人员（包括你自己）承诺能够求同存异、彼此尊重。

■ 寻找多种多样的方法来激励转型学习，包括分享经验、设置隐喻、角色扮演以及案例研究。

■ 一旦人们意识到他们原来的思维模式正在被新的思维模式所替代，支持他们将这些新思维模式嵌入他们的价值观和信仰之中。

反复问自己这样一个问题：我有什么权利参与转型学习？如果你不能正面回答这个问题，那就请不要选择这种学习模式。

问题反思

■ 我是否试图将我的价值观和信仰强加给教练对象？

■ 我是否鼓励教练对象从错误中学习，并探索他们走向成功的要素？

■ 我是否在帮助教练对象找出可能影响他们表现的假设和信念？

第七节

通过示范进行教练

简介

　　与他人合作，研究如何适应并采纳你向他们展示的事物被称为"认知主义"。它是基于这样一个原则，即信息是在人脑中得以积极处理，而学习的产生则是通过寻找不同信息之间所存在的关系。

　　认知主义也是基于一种假设，即学习体现为一种收集所有相关信息的过程，并一直持续到它们开始形成一幅完整的画面。这可以用拼图游戏来做类比。在拼图游戏中，每一个单独的部分都没有什么意义，只有与其他部分连接起来，一幅完整的图画才开始出现。

　　认知主义理论产生于对行为主义方法的不满，其中最坚定的批评者认为它太专注于实现特定的结果而不是发展个人的潜力。在认知主义中有许多分支，例如建构主义和连接主义，有些人认为这些分支本身就是独立的理论。我在这一部分的立场是将这些理论视为认知主义的变异版本。

　　随着在教学和教练活动中培养具有深刻理解能力和理性思维能力的需求日益增长，认知主义成为了一种新的思维趋势。认知方法的批评者认为它过于关注个人发展遭遇而不是学习结果。此外，并非所有人都有能力或欲望花费大量时间来处理信息。

　　认知主义可能是迄今为止最难理解的理论之一。本节介绍的三种理论的基本观点在于：人们将通过对问题的深入了解来展开学习，并使用诸如试错法或角色示范等技术来帮助自己解决问题。教练在这三方面的作用是向教练对象展示如何使用这些技术，但只能让他们自己动手去解决问题。

理论 20   格式塔主义者：洞察力理论

当教练对象正努力寻找解决问题的方法时，可以使用这种理论。

沃尔夫冈·科勒（Wolfgang Kohler），库尔特·考夫卡（Kurt Koffka）和马克思·沃斯米（Max Wortheimer）是 20 世纪 20 年代德国格式塔运动的创始人。格式塔（Gestalt）这个词意味着"模式"和"有组织的整体"。格式塔理论背后的基本原则是：我们应当把感知、学习、理解和思考等概念视为结合在一起的互动关系，从而形成了如下所示的洞察力：

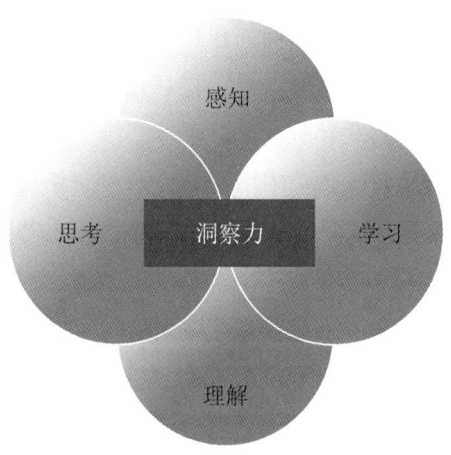

正是通过这种互动，格式塔主义者声称人们在尝试解决问题时会突然产生灵感。

尽管格式主义的批评者认为问题的解决方案可能源于过去处

理问题的经验积累而不是所谓的灵光乍现，但许多使用者都相信人们能够在脑海中对问题进行分解组合并提出颇有见地的解决措施。无论是对身为教练的你还是你的教练对象而言，当最终恍然大悟的那一刻到来时，都算得上一种无与伦比的奖赏！

学以致用

> 虽然有些人认为《人猿星球》（the Planet of the Apes）与《雾锁危情》（Gorillas in the Mist）不可同日而语，但这部电影还是值得一看。在《人猿星球的起源》（Origin of the Planet of the Apes）中有一个很棒的场景，显示猿类第一次说出了一个连贯的单词，并将灵长类世界的力量平衡从有利于人类改变为有利于猿类。

为什么我老是唠唠叨叨地谈论猿类？因为格式塔主义者正是通过对试图解决问题的猿类展开观察研究，才发展出他们通过洞察力进行学习的理论。他们观察到猿类在找到最佳答案之前可以积极地思考几种可能的解决方案。他们将其称之为"洞察力"，它是思维火花的迸现。这不同于通过直接采取行动来获得解决方案的试错过程。

直接告诉你如何运用这一理论反而会弄巧成拙。你不能教导人们要有洞察力，而只能创造条件让他们的洞察力蓬勃发展。作为一名教练，请使用 LEAP 方法：

- L：允许人们拥有冒险的自由。
- E：鼓励他们尝试新想法。
- A：不要通过过分强调要覆盖内容来约束他们的行为。
- P：给他们一些时间反思自己学到的知识。

> 我忍不住要以奥运会金牌得主迪克·福斯伯里（Dick Fosbury）为例。如果当初他的跳高教练告诉他采取背越式跳过横杆的想法荒唐可笑，那么跳高运动员今天仍然只会使用跨式或剪式跳法，并且跳的高度远远低于目前达到的水平。

问题反思

- 我是否允许人们有足够的自由去冒险？
- 我是否支持他们从所犯的任何错误中吸取教训？

理论 21　卡尔·普里布拉姆、乔治·米勒和尤金·格兰特：测试-操作-测试-退出（TOTE）

当你想借助一种过程来测试某个想法的有效性时，可以使用该理论。

普里布拉姆（Pribram）、米勒（Miller）和格兰特（Gallanter）将 TOTE 模型开发为一种试错过程，即人们决定采用一个行动过程，并测试它的效果，如果成功，则对其进行调整，直到取得最终结果或选择退出该过程。这一过程可以描述为：

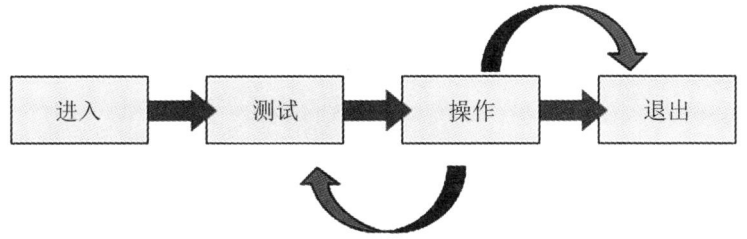

该过程中的每个要素可以总结如下：

进入是指你意识到需要改变现状。

测试允许你将当前状态与期望状态进行比较。

操作是指你采取行动进行必要的调整以达到期望状态。这将创造出一种新的当前状态。如果新的当前状态与期望状态相符，你就可以退出该过程。如果不是这样，那你还得回去继续测试。

退出是指你达到期望状态之后可以做出的选择。

普里布拉姆、米勒和格兰特解释说，这种过程中的一个重要步骤是记录每个阶段的参与因素，并意识到在达到期望状态之前，在测试和操作之间可能必须有几次循环（因此该过程的英语可以缩写为 TOTE）。

学以致用

教导别人使用 TOTE 过程并不复杂，因为它是一个我们每天都要经历十几次的过程。如果你想有所成就，你就要以一种旨在实现这一目标的方式行事，然后测试是否已将其实现。如果你成功了，这个过程就宣告结束；如果没有成功，你可以尝试不一样的过程。

> 20 世纪 70 年代，我在大学学习数学时，曾对费马定理着迷。我不想用定理的细节来烦你，但它不仅仅是数学中的一个难题，而且也是生命中的一个难题：你知道某些事情是真实的，却无法证明这一点。当时可以证明这个定理的人能得到 10 万美元，于是在这样的诱惑下，我也像许多数学家一样，花了 25 年的时间来探讨可能的答案。我的问题是虽然我遵照了 TOTE 中的结构设置，但我的基本测试程序存在缺陷。在本该进行逻辑演绎的时候，我还在继续使用试错法。当安德鲁·怀尔斯在 1993 年提出他的突破性证据时，他也发现自己犯了一个错误。两年后，他和理查德·泰勒一起最终攻破了费马定理，正好可以去领他的 10 万美元奖金。

当你使用 TOTE 这样的过程时，要记住即使是最简单的过程，如果其中的任何操作存在缺陷，也会导致失败，这一点很重要。因此，请绝对确保你所应用的测试手段有效、可靠，并且只有当你确信已经达到期望状态时，才可以退出该过程。

问题反思

- 我是否清楚正在测试的内容以及测试的原因？
- 我是否能够确保教练对象在达到期望状态之前不会退出该过程？

理论 22　阿尔伯特·班杜拉：角色示范

用此理论来加强角色建模和同伴互助。

　　班杜拉（Bandura）建议人们通过观察他人而不是通过奖励或惩罚来改变自己的行为。观察过程是基于这样一种观念，即行为改变是通过观察他人的行为，在心理上排练这些行为是否合适，然后才开始把自己认为合适的行为付诸实践。

　　他的理论是基于对两组儿童进行的实验。一组儿童目睹了成年人用身体和语言攻击充气娃娃的场景。另一组儿童目睹了成年人爱抚充气娃娃并与之亲切交谈的场景。无论是哪种情况，当这些小组中的儿童被单独留下时，他们都模仿他们观察到的成年人的行为。

　　为了让人们成功模仿榜样的行为，班杜拉提出了许多策略。

班杜拉建议必须鼓励个体：
关注别人的行为；
记住自己看到或听到了什么；
有能力再现这种行为；
有动机要模仿这种行为。

　　班杜拉认为，如果人们相信自己有能力模仿好的行为，他们就会更容易向好榜样学习。他用"自我效能"（self-efficacy）这个术语来对其进行描述。他建议人们观察自己的同龄人而非社会名人，因为这有助于让他们对自己模仿行为的能力产生信心。

学以致用

作为一名教练，如果能用榜样和同伴互助来让自己的教练对象明白哪些行为可以接受，哪些行为不能接受，说明你已经掌握了一项了不起的技能。如果教练对象和你一样对榜样人物持有相同看法，这当然就轻松得多。

> 圣帕特里尼亚诺是意大利东部的一个村庄。住在那里的居民仅有1300多人。但让人意想不到的是，其中80%以上的居民都是瘾君子，正在采取戒毒措施。当我参观这个村庄时，我惊讶地发现村子里虽然没有正式的警务力量，但几乎没有出现犯罪现象。它的法律和秩序是通过角色示范而得以维持，其中就有以前的瘾君子对新居民进行一对一的帮扶活动，即通过言传身教，向他们展示有助于戒毒的行为方式。自1978年成立以来，该村以前只有少数瘾君子住在一所公共房子里，但现在已经有250名员工、100名志愿者、一所学校、一家医院、一家餐馆以及一家在意大利排名第四的披萨店。

如果你想使用角色示范或同伴互助的方式进行教练，请记住以下几点重要的提示：

■ 别人只需通过观察好的榜样，就可以学到很多东西。因此，作为教练，你必须带头表现出恰当的行为，避免出现不恰当的行为，比如发表带有种族主义或性别歧视的言论、或者做事没有时间观念。

■ 宣传良好行为所产生的积极结果，因为这将提高这些行为被别人仿效的机会。相反，如果你指出不良行为所产生的消极后果，就可以降低这些行为以后复现的频率。

■ 不要给教练对象介绍那些古板老套的榜样形象，因为这只会强化他们刻板的是非观念。

■ 确保教练对象对他们学习榜样之后可能达到的效果持有现实的期望，同时相信教练对象能够形成新的优良行为。

■ 让教练对象回忆那些对他们生活产生影响的榜样人物。要求教练对象选择两三个对他们产生积极影响的榜样，以及两三个对他们产生负面影响的典型。让教练对象反思好榜样都有哪些行为，他们应当学习好榜样行为的哪些方面；同时反思坏典型的行为表现如何，他们应当尽力避免沾染上坏典型的哪些行为习惯。

问题反思

■ 我为自己的教练对象树立了一个积极的榜样形象吗？

■ 我在哪里可以找到值得教练对象仿效的好榜样？

第八节

通过激励展开教练

简介

　　我已经把这部分的理论划归于神经主义（neurolism）。对于这样一个术语，不要急着去查字典或者在网上进行搜索。因为它根本就不存在。这是我自己创造的一个术语，用来指代基于大脑的学习或信息处理理论。

　　由于到目前为止，本书这部分所涉及的三种主要理论都是在20世纪初期至中期发展起来的，所以我想在这里以一种稍微不同的视角——以教学的认知分支为基础——来研究人类的学习现象。

　　神经主义借鉴了神经学家和神经生理学家的研究成果。因此，神经主义是基于大脑的解剖学以及大脑处理诸如情绪、智力、思维和学习等复杂现象的能力。为了理解后面的内容，我们可以把大脑想象成一台计算机，同时回忆计算机处理信息的方式。如果我们采用这个比喻，我们会看到有很多的处理系统在对传入的信息进行处理。每个系统都以某种方式接受、拒绝或转换信息，从而产生某种形式的响应情况。

　　计算机和大脑之间的区别在于它们能够进行的处理类型不同。计算机一次只能处理一比特的信息，然后再处理下一比特的信息，而大脑经常同时处理大量信息。计算机总是以完全相同的方式对相同的输入做出反应，而大脑可能会受到情绪或环境压力的影响，从而导致反应出现差异，而这也就导致了一个关于可预测性的问题。除了上述差异之外，计算机和大脑在信息的接受、感知以及保留方面也有相似之处，而这对于我们理解神经主义会产生重要影响，也是我想在本节中探讨的内容。

理论 23 唐纳德·赫布：联合学习

当你想要探讨与学习和记忆相关的问题时，请使用此理论。

赫布（Hebb）提出了一个理论来解释在联合学习过程中所发生的情况。他认为，当大脑中的神经细胞同时且反复活跃起来之后，就会形成导致细胞结集的神经突触（或连接）。该理论通常被描述为细胞一起发射，一起缠结。

他认为，当新的细胞结集形成时，联合过程在儿童学习中表现得更加明显。他以婴儿听到脚步声（听觉组件），然后看到一张脸（视觉组件）并被抱起来（触觉组件）为例，来描述该过程中的工作情况。这可以表示如下：

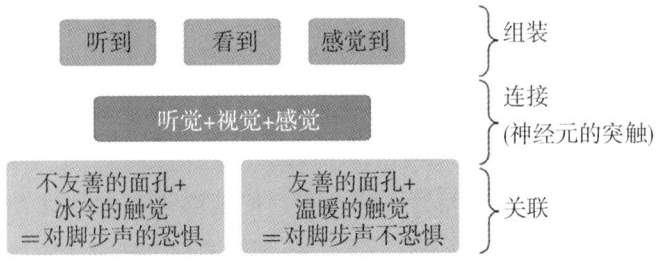

赫布认为，成人学习的过程比儿童更加复杂，其中涉及现有细胞结集的重组，而非新细胞结集的创建。

学以致用

好吧，我们毕竟不是神经科学家，而对大脑功能的研究又极其复杂。要弄清楚如何将赫布的理论用于教练活动，我们需要参照的原则是学习会以两种不同的方式影响大脑：它要么创造全新的神经突触（连接），要么对现有的神经突触进行重组。但无论采取哪种方式，都会对大脑进行重塑，从而获取新的数据。如果新数据有用，就将在大脑中保留下来。

作为教练，要有效地使用赫布的理论，请记住以下提示：

▣ 要承认人们学习的方式各不相同。有些人拥有比其他人更多的连接以及连接之间的再度连接，并且拥有更加发达的知识组织结构，因此能够比其他人更容易进行关联。

▣ 制定应对不同学习水平的教练策略。具有良好连接的人可以将新数据附加到已有的网络里面，所以当你鼓励他们将数据与他们的已知内容进行连接时，他们就相当于进行了学习。而大脑连接欠发达的人将难以同化新数据，因为大脑需要消耗能量才能形成新的神经突触。在这种情况下，将学习分解成块就很有必要。使用诸如隐喻、故事和类比等强有力的手段来帮助人们建立有意义的连接，让他们建立知识体系并理解新数据。

▣ 类比计算机来理解这一点。具有较高操作规格的机器和操作规格较低的机器相比，肯定运行得更快、更有效。这并不意味着较低操作规格的机器（人）无法完成这项工作，只是它（他）们要完成同样的工作，必须花费更多的时间和精力。

我希望你能够遵循这个模型背后的思维方式，并且可以看到它在设计教练课程中的实用性。不要陷入"这只适用于高水平教练活动"的思维怪圈，要明白基本原则适用于指导所有教练活动。

问题反思

▣ 我是否很好地分析了客户在问题之间建立联系的方式？
▣ 我是否有一个完善的教练策略来处理这方面的问题？

理论 24 里昂·弗斯汀格：认知失调

当你想弄清楚为什么有坚定信念的人很难改变时，可以使用这个理论。

弗斯汀格（Festinger）认为，人们通过形成可能导致非理性、有时甚至是不适行为的惯例和观点，从而不断给他们的学习带来秩序或意义。当这些惯例被打乱或者观点被反驳时，个体就开始感到不舒服：费斯汀格称这种状态为"认知失调"（cognitive dissonance）。这可以图示如下：

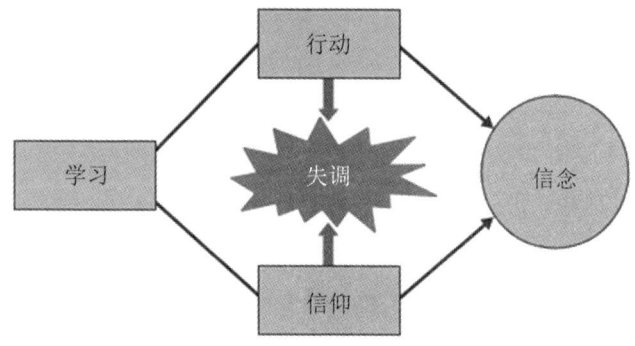

费斯汀格的理论基于三个基本假设：
人们对行动和信念之间的不一致很敏感。
认识到这些不一致会导致失调，而这将激励人们去将其解决。
失调可以通过以下方式解决：改变他们的信念、改变他们的行为或者改变他们对行为的看法。

费斯汀格认为，认知失调不太可能让信念坚定的人们改变观点，即使他们面临着与自己观点相悖的理性论证时也是如此。

学以致用

费斯汀格读了一篇关于某个邪教的文章，该邪教成员认为地球将被洪水摧毁。弗斯汀格由此受到启发，开始研究人们具有不可动摇信仰的原因。当先前预测的大灾难没有如期爆发时，已经放弃家园和工作的忠诚信徒们坚信：正是他们的奉献精神，才使这个世界幸免于难。

你不可能遇到那么多信仰激进的教练对象，但你需要警惕的是，有些教练对象怀有如此坚定的信念，以至于他们会对你的想法产生抵触。如果你试图让这些教练对象以与他们信念不一致的方式行事，那么你的努力可能会导致他们出现认知失调。以下是帮助你处理这种情况的两个提示：

■ 既然强迫别人改变他们的信念可能不切实际，不如让他们评估这些信念引起的行为。这是让他们改变行为的一种方式。然而，你要意识到，施加负面刺激（例如让他们对自己的行为感觉糟糕或产生内疚）并不是对这些学员进行教练的好方法，而且可能还会产生消极影响并导致他们出现更严重的认知失调。

■ 尝试让别人换一种方式或背景来思考他们的行为，这样他们的行为可能就不再与他们的信仰产生背离。一个很好的例子是：如果你让生性敏感的人作为交通督导员去对非法停车的行为进行惩罚，那他们可能会在向别人开罚单时产生心理失调（如果被罚款的人身患残疾，这种情况就表现得更明显了）。你不如告诉他们：这样做的目的是确保所有车辆，包括紧急车辆，不会因为非法停车而失去赶赴现场救援的机会。这样解释之后，他们出现认知失调的可能性就小得多了。

重要的是你得注意：永远不要试图通过质疑别人对某一主题

所持有的坚定信念来促使他们学习，即使你认为他们的信念并不正确也不能这样做。

问题反思

- 我是否赞赏自己的教练对象对某个问题持有坚定信念？
- 我在多大程度上确信这些信念需要改变？
- 我帮助他们改变这些信念的策略能在多大程度上奏效？

理论 25 迈克尔·梅策尼西：神经可塑性

当你想深入了解哪些因素可以阻止人们实现其期望状态时，可以使用这个理论。

梅策尼西（Merzenich）将神经可塑性描述为大脑拥有的一种属性，它允许大脑通过对世界的感知、生活经历以及想象来改变其功能和结构。根据梅策尼西的说法，通常有两种类型的神经可塑性。

■ 功能性：与大脑将大脑受损区域的功能转移到未受损区域的能力相关。

■ 结构性：与大脑因学习而改变其生理结构的能力相关。

梅策尼西认为支撑神经可塑性的有四个原则。

它们是：
年龄变化：虽然可塑性在人们的一生中都能发生，但某些类型的变化在人们生命中的某些阶段表现得更为明显。
过程变化：虽然可塑性是一个持续的过程，但它涉及的是神经元以外的脑细胞，包括视觉细胞和血管细胞。
原因：它可能是大脑在学习或记忆方面出现损伤而形成的结果。
遗传与环境：虽然环境在这个过程中起着重要作用，但遗传也会产生影响。

该理论基于这样一种假设，即智力不是固定不变或从出生时起就植入了我们大脑，而是我们一生中都在不断形成和适应。尽管神经可塑性的概念广泛、模糊且缺乏新意，但许多作家，包括梅泽尼西，都认为它是关于大脑最重要的发现之一。

学以致用

> 亚当患有一种自闭症。他是我妻子工作的那所特殊学校的学生。他的社交技巧和沟通能力非常有限。但他有出色的 IT 技能。如果电脑出了任何问题，他就是工作人员求助的对象。可以说，电脑就是他的生命。无论是在学校还是家里，他大部分时间都在研究电脑。这样做的缺点是导致他讲话时有种美国化的程序语言风格。但是否应当阻止亚当将他大脑的一部分功能（导致他自闭症的受损部分）转移到未受损部分（包括让他拥有 IT 天赋的逻辑推理能力），并鼓励他提高自己的社交和沟通技巧，还存在伦理方面的考虑。

针对这一难题，我还没有答案。忽视发展亚当的社交能力无疑不对，但不让亚当研究电脑又无异于断其手足。以下是在指导那些可能面临发展障碍的教练对象时，教练如何运用该理论的一些技巧：

■ 首先要创造一种放松的状态。方法是营造一种氛围，在形成明显挑战和理解教练对象的感受和态度之间保持恰当的平衡。不要让挑战太困难或充满威胁性，否则你就有可能损害教练对象的自信或自尊心。

■ 通过使用不同的教练方法并使其与教练对象的需求相关，让他们沉浸于正在进行的教练任务之中。讨论问题时，要让他们自己对教练主题形成有意义的解释模式。

■ 允许教练对象以对他们自己有意义的方式负责该流程，但在训练过程当中要对他们提出具有挑战性的问题，并鼓励他们进行反思。鼓励以这种方式处理信息将有助于教练对象认识和处理他们自己存在的偏见和态度。

创造一个能够让大脑充分发挥潜力的理想环境并非总是可行。作为教练，你面临的挑战是找到适合自己教练对象的理想条件。回想当初让你自己获得蓬勃发展的学习环境可能是一个良好的开端。

问题反思

■ 我创造的教练活动是否在种类、难度和创意方面都比较恰当？

■ 我是否创造了能让教练对象蓬勃发展的合适环境？

第九节

应对挑战行为

简介

挑战行为不仅仅是指有人在教练过程中进行辱骂或大搞破坏，还包括在教练活动中不愿配合的学员。本书后面的许多教练模型都是基于这样一种信念，即你正在教练的学员实际上希望得到培训。不幸的是，情况可能并非总是如此，因此你有时不得不处理这个棘手的问题。

有些人选择不对教练做出积极回应，因为他们要么是没有认识到自己的问题，要么是拒绝改变。看看理论 5~7 中的一些激励性技巧可能会对此有所帮助。如果你作为教练所面临的问题变得更加复杂，那么你可能需要看看下面这部分理论，从而帮助你解决这些问题。

我已经选择了三个理论，我相信它们为行为矫正提供了一个有趣的视角。如果你不得不对具有挑战行为的学员进行培训，那我认为阅读理论 5~7 以及本节中介绍的理论，将使你几乎能够应对任何情况。

理论 26 库尔特·勒温：重塑行为

当你想帮助别人改变行为时请使用这个理论。

勒温（Lewin）认为学习与行为的改变有关，并设计了一个塑造行为的三阶段模型。在这个模型中，他用改变冰块的形状来做类比：解冻旧形状、塑造想要的形状并重新冻结新形状。

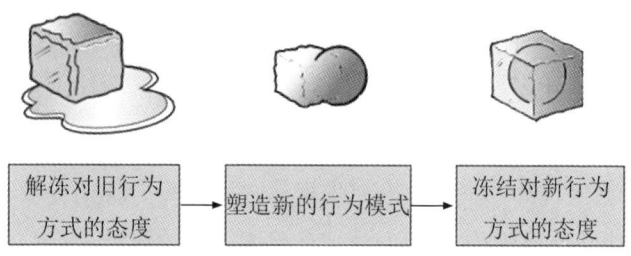

解冻对旧行为方式的态度 → 塑造新的行为模式 → 冻结对新行为方式的态度

如果你正在对需要改变行为的学员进行培训，那么在三阶段中的每一阶段，都有你可以尝试的关键行动。

三阶段是：
解冻：让教练对象理解为什么必须进行改变，并挑战他们关于自己以及与别人关系的基本假设。
改变：处理解冻阶段中产生的不确定性，即帮助他们了解行为的改变会使他们受益，并支持他们学习用不同的方式来做事。
重新冻结：鼓励他们采用新的做事方式，确保他们将这种改变融入他们所做的一切活动当中。

勒温认为，通过把改变行为看作是一个包含不同阶段的过程，你就不会盲目地试图改变别人，而会让他们为这种转变做好准备。

学以致用

勒温曾写道，"没有什么比一个好的理论更实用的了"。在勒温的案例中有许多好的理论。如果有一个名人堂是为学习理论家而设，那勒温将成为 Victor Ludorum 的获奖者之一。如果我们接受这样一个基本前提，即学习只有在行为改变时才会发生，那么这个模型和勒温的力场分析（Force Field Analysis）就很有实际用途。以下是你可以希望考虑的一些步骤，可以用于训练需要做出个人改变的学员：

■ 绝对清楚，教练对象知道他们自己想要做什么改变，以及为什么需要改变。在你开始解冻过程之前，建议教练对象为挑战一些信念、价值观和行为而做好准备，因为这些可能成为他们进行改变的障碍。

■ 要让教练对象认识到解冻阶段是教练过程中最复杂的阶段，因为他们可能不愿意改变他们的既定心态和习惯。为了帮助教练对象克服这种不情愿的心理，需要告诉他们：如果想变得更优秀，就必须做出相应改变。

■ 在教练对象做好改变自己行为的准备之后，让他们先凭直觉，通过学习榜样（见理论 22）了解他们该如何行动，并使用积极的自我对话来开始接受这些变化（见理论 16）。

■ 在教练对象重新塑造自己的行为之后，让他们通过试错法来测试新的行为（见理论 21）。这将会巩固改变效果或创建新的学习周期。如果测试效果良好，那就让他们开始将新行为融入他们正在形成的人格当中。

问题反思

■ 我是否了解了有些人不愿改变行为的原因？

■ 我必须做些什么才能让别人走出自己的舒适区？

理论 27 彼得·哈尼：行为改变

当你希望帮助人们查找不良行为的原因以及处理方法时，可以使用这个理论。

哈尼（Honey）建议，如果我们要支持别人改变行为，我们需要与他们合作，以确定导致其当前行为的原因。哈尼认为，感觉、价值观和情绪等内部因素往往是导致不良行为的主要原因，寻找触发行为的预兆是三阶段模型中的第一阶段，可以表示如下：

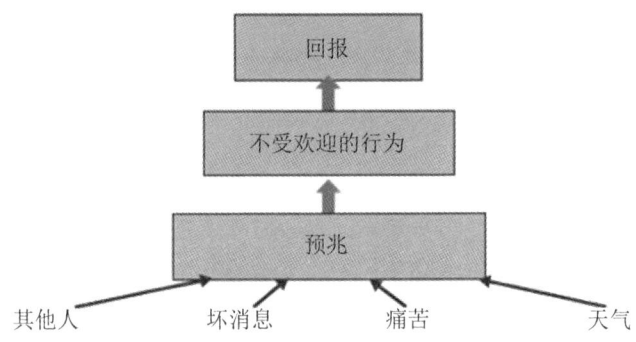

三个阶段中每个阶段的关键行动是：
预兆：这是引发行为的事件。它可以是一句话，也可以是一个行动。
行为：这是对事件的反应。这可能是一种侵犯或逃避的行为。
回报：这是行为的结果。

哈尼声称，为了实现行为的长期改变，我们需要处理构成不良行为基础的征兆以及对不良行为产生的回报。

学以致用

当你发现教练对象的行为令人担忧时，可能是因为在过去，他们的行为没有得到重视，或者对他们的惩罚只是通过某种形式的外部培训或给一个纪律处分就行了。虽然其中一些惩罚行为可能也取得了效果，但只要他们的行为没有得到纠正，那任何惩罚所取得的效果都不会长久。这里有一个真实的故事可以说明这一点：

> 穆萨才十岁，但有严重的行为问题。通常，他会坐在教室里做自己的事情，尽量不大惊小怪，不引人注意。然而当他的一个同学萨迪克走进房间时，穆萨陷入了无法控制的狂乱之中，他挥舞着双臂，大喊大叫。穆萨和萨迪克之间似乎没有产生过矛盾，而萨迪克是一个温和的孩子，也无意挑衅穆萨。穆萨的老师采取的唯一补救措施就是将他从班级中转移出去，送到他们所谓的"禁区"。那是一个远离主教室的安静区域，设立的目的是鼓励学生反思自己的行为。经过大约一小时的反思，穆萨通常会回到教室，好像什么也没发生过一样。在老师和其他家长一起对穆萨的行为进行讨论时，穆萨的母亲询问是否可以允许自己的儿子在"禁区"多停留一段时间，因为他更喜欢呆在那里而不是回到课堂。

如果应用哈尼的模型：

- 首先评估不良行为的严重程度。
- 判断这对他人产生的影响。寻找可能引发不良行为的预兆。关注这些预兆而不是探究其原因。
- 确定期望取得什么样的行为，并关注期望行为所产生的回报。确保回报的结果是产生一种威慑力，而不是对不良行为进行鼓励。

■ 制定一个改变预兆或回报的计划。

你可能会觉得处理根深蒂固的价值观或信仰时，这个方法太机械了。尽管这是一种结构化的方法，但在应用中也符合实际且简单易行。穆萨的老师们花了太多时间试图解释为什么他对萨迪克的反应如此糟糕，以至于他们忽略了现在看来非常明显的一点，那就是导致穆萨不良行为的是回报，而不是预兆。一旦他们不再让穆萨去"禁区"，他会意识到这种回报不符合自己的期望，于是他对萨迪克的反应也就不再那么糟糕。

问题反思

■ 我的教练对象是否完全明白他们的不良行为所产生的影响？

■ 我是否找到了触发此行为的原因？

■ 回报会产生我们期望的效果吗？

理论 28　罗伯特·黑尔：精神变态清单

借助这个理论，你将了解自己可能遇到的一些更具挑战性的人的行为。

出于临床、法律或研究目的，黑尔（Hare）开发了精神变态检查表（PCL），以此作为诊断个体心理变态特征的手段。我曾对黑尔的理论进行总结，并用自己的方式加以简要概括。下面我把精神变态的关键特征罗列如下，以帮助你鉴别自己的教练对象是否有这方面的表现。

精神变态主要特征：
诱惑者：用油嘴滑舌和肤浅的方式诱惑你和其他学员，并试图主导教练课程。
自大狂：对自己的能力有过高的评价，拒绝接受批评。
揩油者：不断需要受到激励，并扰乱他们觉得不具有挑战性的训练课程。
拖延者：总是提出无法达到既定目标的各种借口。
空壳者：即使他们通过不恰当的言论冒犯了你或其他人，也不会感到悔恨或内疚。
冷酷者：对可能不同意其观点的人表现得冷酷无情和缺乏同情心。
寄生虫：窃取同事的知识和技能，并声称是自己的想法。
偏转者：不能对自己的行为承担责任并试图责怪他人。
结果商人：缺乏长期发展的动力，喜欢吩咐别人做事，不管过程，只重结果。
破坏者：表现出一种冲动和不负责任的行为倾向，并导致其合作者之间关系恶化。
违法者：对自己的行为缺乏控制，并让周围同伴感到恼怒、厌烦。

实际的 PCL 测试由训练有素的专业人员在严格的临床条件下进行。该模型仅起一个说明作用，让你了解自己在人们行为中可能遇到的极端情况。

学以致用

乔恩·容森在《精神病患者测试》（*The Psychipath Test*）中以幽默的笔触对黑尔理论进行了解释，描述了他与身上具有黑尔所描述的一些精神特征的人们相遇时的情景。如果你的教练团队中正好有人出现了这些精神特征，我建议你记住以下几点：

■ 首先，假定他们总是会在自己的性格特征范围内做出最坏的事情。

■ 制定策略以处理最糟糕的情况。如果他们没有做出最坏的事情，可以安静地喝一杯饮料庆祝一下，然后把策略保留下来，以备下次使用。如果他们做出了最糟糕的事情，那就让自己保持头脑的清醒，并遵循古老的拳击格言：时刻保护好自己。

■ 实施计划的战略，并记录下他们所说的或所做的所有事项。你仍然可以安静地喝一杯，但这次是为了放松一下。

无论你采取何种行动，请一定遵守团体规定的人际交往规则和条例。即使你是对的，如果不遵守正确的程序，也可能导致别人对你或你的团队采取法律行动。

值得注意的是，你自己肯定也会具有其中的一些特征。你需要对这一点进行反思并考虑你对他人带来的影响。

问题反思

■ 我是否意识到自己的精神变态特征？

■ 是什么让我觉得我的教练对象具有精神变态特征？

■ 我是否制定了处理这类问题的策略？

第一部分总结

在第一部分中，我试图展示不同年龄、不同层次和不同观点的人们的思维方式，以及他们想要学习的动机。我已经研究了学习和个人成长、学习和个性类型以及学习和学习风格偏好之间的关系。本书这部分的个人学习理论对教练实践有重大影响。每个部分都有自己的重点：

- 行为主义以适应和强化为基础。
- 心理行为是认知主义的主要目标。
- 体验和自我效能是人文主义的基础。
- 信息处理和记忆是神经主义的焦点。

每种理论反映了人类学习具有不同程度的主动性：行为主义理论与反应性学习相关；认知主义理论与反映性学习相关；人本主义理论是关于反思性学习；而神经主义则强调接受性学习的重要性。

这部分的要点是：

- 当人们将学习与自己的学习目标、知识或经验联系起来时，才会达到最好的学习效果。
- 每个人都有自己青睐的学习方式，因此他们选择通过观察、倾听和行动中的某种方式才能做出最佳回应。
- 每个人都有自己独特的思考和学习方法。
- 感知和个性将影响人们的思考和学习方式。
- 虽然人们可能在学习风格方面有自己的偏好，但他们不会仅仅通过这种偏好来学习。
- 能力是学习的良好基础，但创造力则会增加更多的价值。
- 人无完人。

■ 如果你在某些事情上失败了又试一次，第二次失败的时候会学到更多，直到你取得成功。

■ 利用个人以前的经验可以成为非常强大的教练工具。

■ 当个人感觉与主题相关时，他们会学得最好。

■ 人们永远不应该害怕尝试新事物。

■ 如果你支持某人，请顾及他的感受和信仰，尽量不要做出评判，不要试图向其强加你的价值观和信仰。

■ 对某个问题持有坚定信念的人将是一个难以改变的人。

■ 并非每个教练对象都希望接受你的指导。

其中最重要的一点是，世界上存在大量的人格类型和学习风格，而这就导致我们无法绘制出适合所有个体的单一蓝图。

第二部分

进一步探讨

引言

在本书这部分的内容中，我选择了 27 种流行最广且备受赞誉的教练模型，从中你可以选择任何一种或将它们任意组合，从而适应你所参与的任何教练情况。虽然对于其中某些理论，比如正念和神经语言程序设计（NLP），你可能需要阅读更多内容才能完全弄懂，但我在这里进行的介绍已经足够让你将其付诸实践。

本书第一部分介绍的理论都经过调查、内容严谨。相对而言，第二部分的模型在更大程度上属于推测性质，不过将它们应用于教练活动中同样有效。在关于本章主题的文献资料中，随处可见讲述个人和组织受益于诸如 GROW 模型或 CLEAR 模型等方法、技术的例子，并且人们对正念或神经语言程序设计（NLP）等教练概念也赞誉有加。盖瑞（见理论 38）和惠特莫（见理论 55）等人在把教练发展为管理工具方面做出了重大贡献，因此我也从他们的理论中借鉴相应的想法和模型。综上所述，本书这部分的内容相当于给读者提供了一个工具箱，其中每个"工具"都对应于一种实际目的，而反过来，每种实际目的都能找到一个相应工具。

这些教练模型是按照其创造者姓氏进行字母排序，以免给人留下厚此薄彼的错觉。无论是对个人、团队还是组织进行培训，这些模型都可以派上用场。我在此建议你先浏览一遍这里的"工具箱"，从而确定哪些"工具"比较靠谱，然后选择其中一种（或多种）"工具"，并进行调整和改造，使其最适合你的教练风格、教练对象以及教练环境。

虽然我相信每个条目中已提供了足够的信息来帮助你应用该模型，但还是在书末补充了一份推荐书目，这样你就可以在里面找到关于每个模型的更多信息。

理论 29　理查德·班德勒和约翰·格林德：神经语言程序学（NLP）

当你想了解人们的思维定式和行为习惯时，可以使用这个模型。

NLP 的概念是在 20 世纪 70 年代早期由班德勒（Bandler）和格林德（Grinder）提出。NLP 包含的内容可以分解如下：

■ 神经：你如何运用感官去理解正在发生的事情，进而影响自己的感受和言行。

■ 语言：这是你用来影响自己及他人的语言和交流系统。

■ 程序设计：这是一系列旨在实现特定结果的步骤。

班德勒和格林德对很多在与客户的合作中取得卓越成果的治疗师的工作进行研究，并借鉴了他们使用的一些技术手段，从而构成了 NLP 中的"四大支柱"。

"四大支柱"是：
设定你的目标：清楚自己在任何情况下想要实现的目标。
运用你的感官：密切关注自己周围的世界。
采取灵活措施：不断改变自己的行为方式，直到获得想要的结果。
建立关系：意识到别人在帮助你实现目标时所起的作用。

班德勒和格林德指出破除人们关于 NLP 的一些误解和迷信很重要。他们强调，NLP 不是一种盲目崇拜，也不是一种扭曲思想的过程，而是一个"工具箱"。无论管理者、教练，还是导师、顾问，——事实上任何人在人际交往中——都可以用这些"工具"来对他们的交往对象产生积极影响。

学以致用

如果你选择使用 NLP 作为辅导工具，请记住以下一些重要原则：

■ 地图不是领土：接受这一事实，如果领土代表一种现实，那地图仅仅是你的教练对象用来表示现实的一种方式而已。

■ 尊重别人的地图：承认每个人都根据自己的地图做出反应，并可能以你认为不起作用或不可接受的方式行事。

■ 沟通的意义和结果是让你得到回应：不要责备教练对象误解了你的意思，相反，你要对自己的沟通方式承担全部责任。

■ 每种行为都是基于一种积极的意图：意识到任何行为都是根据当前的环境和现实而具体创造出来的。因此当环境和现实发生变化时，行为就必须发生相应的改变。

■ 接受对方；改变行为：意识到教练对象的行为并非不可改变。因此，虽然你得接受他们的现状，但应当支持他们对其行为做出改变。

■ 没有失败，只有反馈：向教练对象保证，如果他们做某件事情没有成功，并不意味着他们已经失败，只是说明他们目前还没有取得胜利。支持他们改变他们的行为，并用不同的方法来实现他们期望的结果。

■ 如果你总是做自己一直在做的事情，那你总是得到自己一直得到的东西：这有时被称为"阿什比的必要多样性法则"。所以只有思维和行为最灵活的人，才更有可能控制任何互动的发展结果。

如果你不喜欢 NLP 的整体概念，那么看看你是否可以使用它所提供的任何工具和技术。

问题反思

- 我和自己的教练对象对现实的感觉有何不同？
- 我确信教练对象完全理解我想要他们做什么吗？
- 我能确定教练对象会从他们自己的失败经历中吸取教训吗？

理论 **30**　格雷戈里·巴特森：神经逻辑层次

> 如果你想帮助别人理解他们的行为、能力、信念和价值观如何影响他们理解和解决问题，可以借助这个理论。

　　巴特森（Bateson）认为，神经逻辑层次模型（有时简称为逻辑层次模型）为人们提供了一个机会，让他们对阻碍有效变革的因素有一个全新的认识。该模型由多个层次（或类别）以及指示类别之间关系的层级结构组成。该模型通常表示为：

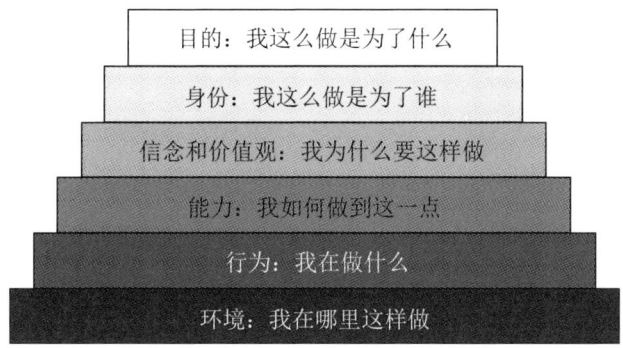

目的：我这么做是为了什么

身份：我这么做是为了谁

信念和价值观：我为什么要这样做

能力：我如何做到这一点

行为：我在做什么

环境：我在哪里这样做

　　资料来源：Dilts，R.（1990）*Changing Belief Systems with Neuro-Linguistic Programming*［*NLP*］. Capitola，CA：Meta Publications.

模型中的每个类别可以概括为：

环境：这是指我们所处的物理环境。其中也包括我们周围的人群和我们所拥有的资源。

行为：这是指我们的想法、言论和行为，以及它们对别人产生的影响。

才能：这是指我们拥有的能力和技术。

信念和价值观：这些是对我们有重要意义并影响我们行动的东西。

续表

模型中的每个类别可以概括为：
身份：这是指我们的自我意识；它定义了我们是谁以及我们要扮演什么角色。
目的：这是关于是什么让我们成为现在的自己，以及是什么驱使我们去完成手头的任务。

　　巴特森认为，当组织或个人做出改变时，如果他们不能在最合适的层次做出正确的改变，他们就不太可能取得成功。

学以致用

　　下面是如何通过神经逻辑层次来对别人进行教练的一些提示：

■ 制作六张卡片（40~50cm²）来代表各个类别。将卡片按其在图表中显示的层次结构（从环境到目的的先后顺序）大约分开 1m 放置。先让教练对象站到"环境"卡的左边，并思考："我想达到什么状态，谁会和我在一起，我有什么资源？"

■ 现在请他们踏上"环境"卡片，设想那些在此时此地有重要影响的所有人和物都和自己一起处于期望状态。一旦他们把这幅画面设想清楚了，让他们踏上"行为"卡片，描述他们在期望状态下的想法和行动对处于该状态中的其他人产生了什么影响。鼓励他们反省自己是否需要做出改变。

■ 只有当他们对自己的愿景以及需要采取的实现手段有了一个清晰认识之后，才能让他们登上"能力"卡片，描述他们在期望状态下所拥有的新技术和新能力。让他们反省自己是否需要做出改变。接着让他们转向"信念和价值观"卡片，问他们在自己是什么和自己想成为什么之间是否存在任何冲突，以及他们如何解决这些冲突。然后请他们登上"身份"卡片，想象他们一旦做出改变之后会成为哪种类型的人物。

　　■　最后，让他们登上"目标"卡片，问自己是否有明确的目标感。如果得到了肯定的答案，那他们就可以结束这个过程了。如果答案否定，就让他们按照相反的顺序把这些卡片再试一遍。

问题反思

　　■　学员个人在多大程度上希望改变自己的行为？

理论 31 唐纳德·布罗德本特：过滤理论

当你想了解人们如何过滤掉与他们无关的信息时，可以使用这个理论。

布罗德本特（Broadbent）认为，我们对自己经历进行解释的方式让我们个人对现实产生了感觉。这表明一个人对信息的理解，可能并不会按别人希望的方式进行。他认为这是经过过滤的结果，因为过滤过程要么删除、扭曲信息，要么会对信息进行概括、提炼。

该过程中的每种要素可以总结如下：

删除：防止人们全盘吸收他们每时每刻接触到的大量感官信息，并将其进行剥离，最后只剩下一些相关信息。

扭曲：允许人们将信息整合到先前已经存在的知识框架中。

概括：使人能够基于以前可能经历过的类似事情而对新信息做出判断。

布罗德本特认为，个人实际学到的知识是由他们自己的个人过滤器所决定的，而这些过滤器反过来又会受到他们的信仰、价值观以及记忆的影响。这常常会在学习者的头脑中造成冲突，因为他们试图用新知识来调和他们以前持有的信念、价值观以及过去的经历。

学以致用

你永远无法真正了解别人的感受，因为你永远无法真正进入他们的内心。当你的某个教练对象和另一个教练对象存在矛盾冲突时，该原则也同样适用。下面举一个例子来对其说明：

> 安娜是我辅导的一名见习教师。让她不舒服的原因之一是她对自己的一名学生不满意。她告诉我，这个女孩"脸上带着那种表情——我一看就知道她不会专心上课"。安娜当然不知道那个女孩到底心里在想什么，她只是曲解了她从女孩那里得到的信息。当我提示她"这个女孩可能只是遇到了不开心的事情"时，安娜笑了，并决定在下一次上课时换一个角度思考。

作为一名教练，你需要意识到，每次你和别人说话时，他们都会动用大量的过滤系统。而这完全是一种下意识的行为，他们这样做是为了能够处理你让他们接触的大量信息（包括非语言和语言的信息）。所以，你下次要向他们传达重要信息时：

■ 确保你事先考虑好传达信息的效果。在这样做时要想得具体周到。你可以这样开场："等到这次学习结束时，你们就能够……"，或者采取一种更好的方式，直接问他们想通过学习达到什么效果。

■ 确保你理解教练对象可能正在使用的过滤器，以及这些过滤器如何影响他们理解你所传达的信息。倾听他们的回答，同时仔细观察。

■ 如果他们以你期望的方式回应，试着同时联系语言和非语言两方面的线索来理解他们的意思，但不要对他们的想法做出预判。如果这两方面的线索不够清楚，那就直接问他们："你在想什么？"

最重要的是，如果你正在采取的培训措施不起作用，不要害怕尝试不同的培训方法。

问题反思

■ 我能在多大程度上确定教练对象理解我对他们的期望？

■ 我如何避免对此存在先入为主的看法？

理论 32 马蒂·布朗斯坦：建立承诺的五大支柱

> 当你想让别人承诺改进表现时，可以使用这个模型。

布朗斯坦（Brounstein）认为，如果让教练对象能够高度投入，那他们的表现就会更佳，并且在教练过程中更容易坚持下来。他认为举办教练活动是激励员工对工作建立承诺的最佳方式之一，并提出了"建立承诺的五大支柱"作为实现模型。这"五大支柱"可以表示为：

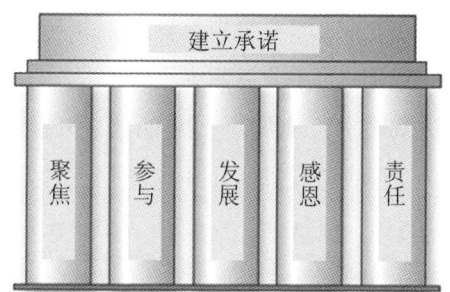

"五大支柱"可以概括为：

聚焦：当聚焦支柱变得强大时，教练对象会知道别人对他们的期望、他们所在组织的发展方向以及优先安排的事项。

参与：当参与支柱变得强大时，教练对象会产生一种被包容和被赋权的感觉，从而更可能为规划、解决问题以及决策做出贡献。

发展：当发展支柱变得强大时，教练对象会感到别人鼓励他们利用机会进行学习和个人成长。

感恩：当感恩支柱变得强大时，教练对象会觉得他们的贡献得到了重视。

责任：当责任支柱变得强大时，教练对象会在自己的工作中承担更多的责任，并相信自己有权利坚持到底。

布朗斯坦模型的哲学基础是：虽然优秀的教练注重教练对象的表现，但他们也必须认识到教练对象与教练活动之间关系密切。在这方面，布朗斯坦主张，要为建立承诺奠定基础，除了关注教练对象的个体表现，还要重视发展在教练过程中的人际关系。

学以致用

以下是帮助你奠定坚实基础所采取的一些步骤：

■ 确保教练对象知道你对他们的期望。这可以从设定目标和同意他们的绩效计划开始。定义他们执行任务的预期结果以及他们在执行任务时必须遵守的一些规章制度。和他们讨论并商定优先事项，澄清你对他们的要求和期望。

■ 让教练对象明白，他们对影响他们工作的因素拥有发言权。确保你同意他们的绩效目标，并允许教练对象自行决定如何最好地实现这些目标。鼓励他们在教练活动中发挥带头作用，从而激发他们的参与热情。

■ 鼓励并支持希望获得发展机会的个体。讨论他们需要学习什么才能更有效，并制定一份行动计划来满足这些需求。如果要加强任何专业发展，请确保你是和教练对象一起制定计划。

■ 在教练对象执行培训任务时，教练通过提供定期反馈意见，并记录自己对他们的努力和结果由衷赞赏，来认可和表扬他们所做出的贡献。

■ 通过定期召开绩效审查会议，确保教练对象的责任到位、能够高标准地完成培训任务。确保当教练对象的表现达标时，你会给出积极的反馈意见；相反，当表现下滑时，你会给出消极的反馈意见。让你的教练对象有机会纠正他们所犯的任何错误。

问题反思

■ 我如何才能确保自己已经和教练对象之间建立了良好的工作关系？

■ 我们都知道对方在期望什么吗？

理论 33 亚瑟·科斯塔和贝娜·卡利克：作为诤友的教练

当你怀着良好的用心，希望挑战或批评别人时，请使用这个理论。

科斯塔（Costa）和卡利克（Kellick）将诤友描述为一个值得信赖的人，他会提出挑衅性的问题，对别人面临的问题提供不同的观点，并善意地批评他们的行为。他们简要阐述了诤友与个体之间互动的过程，可以描述如下：

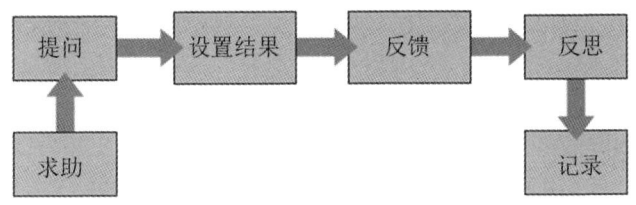

该过程的要素可以概括为：
求助：个体简要描述自己遇到的问题，并向诤友寻求反馈。
提问：诤友提问是为了理解问题的根本原因，并澄清问题发生的背景。
期望结果：个体为互动设定期望结果，但要确保这些期望符合实际。
反馈：诤友就问题的重要方面提供自己的反馈意见。这种反馈不仅仅是粗略地回顾他们所讨论的问题，还应该提供一个有助于解决问题的备选方案。
反思：双方都对讨论的内容进行思考。
记录：个体记录诤友对问题的看法和建议。诤友记录下自己给出的建议，并把他们需要采取的后续行动写在本子上。

科斯塔和卡利克认为，把教练当成诤友是一个非常奏效的想法，也许是因为诤友这个表达本身就包含了一种内在张力：（朋）

友意味着高度的无条件的积极评价，而诤（言）可能代表消极的评价，甚至指不能容忍出现失败。他们认为这在理想状态下，就是把无条件的支持和无条件的批评结合在一起。

学以致用

掌握下面的一些技巧，你就可以成为一个受人欢迎的诤友：

■ 不要让你与客户的友谊掩盖他们面临的真正问题。在你与客户的关系中，过于强调其中的友谊，可能会对你们深入交换批判性意见产生影响。同情他们的困境不会给你带来任何好处，甚至可能对你想出解决方案产生不利影响。你的目的是通过引入不同的观点以及新的真知灼见来激发他们的发散性思维。

■ 清楚地了解你们在互动关系中存在的界限，并设定明确的目标，确定谁将在何时做什么。确保你会定期审查目标的进展情况。诚实地向客户提供批判性反馈意见，并且愿意接受客户诚实地给出他们的批判性反馈意见。最后，思考一下这种关系的性质和适当性，并反思这种关系是否需要进行调整。

问题反思

■ 我在多大程度上确定自己在作为教练和朋友的两种角色之间有明显的区别？

■ 我和客户双方都清楚这样的界限吗？

■ 我是否诚实地给出了批判性的反馈意见？

理论 34 爱德华·德·博诺：六顶思考帽

> 当你希望自己的员工在处理问题的方式上更有创造性时，就可以使用这个理论。

德·博诺（De Bono）认为，为了让人们在处理问题的方式上更有创造性，他们必须对情况有更全面的了解，并且必须跳出他们惯常的思维模式。于是他提出了一种"思考帽"技术，作为一种鼓励人们在解决问题时更全面、更有创意的方法。在这种技术中，你只需戴上帽子（实际上或象征性的都可以），当然这取决于你需要采用哪种方法。

在教练活动中使用的六顶帽子的特点是：
白帽子：关注现有信息；让教练对象看看他们能从中学到什么。
红帽子：依靠直觉和情感；让他们试着理解他们得到的回应。
黑帽子：发现消极的一面；让他们尽量看到一个想法中存在的弱点。
黄帽子：发现积极的一面；让他们尽量看到一个想法中存在的优势。
绿帽子：提出富有创意的解决方案；鼓励他们要敢于提出建议，不管这些建议听起来是多么荒诞不经。
蓝帽子：控制局势；向他们展示在事情陷入僵局时，这是如何帮助他们获得进展的。

德·博诺认为创造性思维是人类最基本的技能，也是帮助社会和经济进步所依赖的技能之一。他还认为，这是大多数个人和组织都没有引起重视的一个领域。

学以致用

请看下面的例子，其中提供了一些技巧，可以帮助你把"思考帽"作为一种教练工具使用：

假设有人邀请你去指导一个想成为教练的经理。本书这部分介绍的大部分模型都主张先对教练对象参加培训的原因以及他们对培训所持的期望进行某种形式的分析。在你向他们解释了"思考帽"的应用方法之后，他们首先就抓起黑帽子，开始告诉你他们不认为自己会成为一名优秀教练的所有原因。接下来你要做的是：

■ 在仔细聆听他们的倾诉之后，请他们戴上白帽子，然后开始观察事实。问一下他们是否知道公司培训员工的成本以及他们如果自己成为教练之后，可以帮公司节省多少成本。请他们阐明如果自己成为一名优秀教练，对公司的员工还会带来哪些其他好处。

■ 一旦选定了一个恰当的培训内容，就让他们戴上红帽子，探索被公认为优秀教练对他们个人而言将意味着什么。问问他们现在感觉如何。如果你发现他们伸手去拿黑帽子，也不要惊慌，因为在教练过程的早期阶段，能够识别并解决问题其实是一件好事。在他们开始对成为教练感到更加乐观并开始戴黄帽子之前，你可能不得不再次经历戴白帽子和红帽子的阶段。

■ 随着他们变得越来越乐观，鼓励他们戴上绿帽子，开始想象他们作为教练将如何工作。这是该过程中的创造性阶段，因为它要求他们用新的方式来看待事物。

■ 你可能以为过程到这里就结束了，但是藏在最下面的那顶蓝色帽子还没有戴呢。这是一顶控制帽。大多数真正有效的教练模式都强调教练活动是一个双向过程，其中还包括反馈和反思。所以请给你的教练对象一个机会，让他们对你的教练课程提供反馈意见并指出你今后可以改进的方式：这就是教练对象和教练角色互换的一个例子。

问题反思

■ 我是否在进行教练活动之前分析了教练对象的情况，并认真听取了他们的回应？

■ 我让他们创造性地思考了吗？

■ 我是否确定自己已经寻求教练对象的反馈意见并准备据此进行改正？

理论 35　罗伯特·迪尔茨：迪士尼的创意战略

当你想让别人考虑问题更有创意时，请使用这个理论。

迪尔茨（Dilts）声称，阻止人们采取创造性行动的最大障碍是我们倾向于在新想法付诸实践之前就指出其中不切实际的所有原因，从而将其扼杀在摇篮之中。迪尔茨研究了许多虚构角色和真实伟人，以找出他们成功的原因。其中之一就是沃尔特·迪士尼。迪尔茨认为迪士尼拥有巨大的想象力和创造性，在电影界算得上首屈一指的大人物。通过研究迪士尼的故事，迪尔茨发现他既是梦想家，又是现实家和批评家，其创意策划体现在三个方面。

> **这三个方面可以概括为：**
>
> 梦想家：这是让你想象可能存在的任何可能性。先让大量随机想法在脑海中自由涌动。并且，无论这个想法看起来多么荒谬，都不要停下来做出判断。
>
> 现实家：这是该过程中的实际部分，在这里你可以看到如何将这个想法付诸实践。也就是说，现在是开始考虑在现实世界中自己是否能梦想成真的时候了。
>
> 评论家：这是一个评估阶段，在这里你可以判断这个想法是否能满足你的期望目标。在这个阶段，你可以选择放弃这个想法，或者对它做任何必要的改进，从而实现自己的目标。

迪尔茨认为迪士尼的创意战略是一个虽然简单但效果惊人的过程，适用于团体、个人或作为一种自我发展工具。

学以致用

设想你正在一个功能失常的团队中担任教练。该团队负责人的观点既无趣又保守。他的搭档试图在工作中创造更多的刺激和变化，但团队中的两个下属觉得他俩墨守成规，于是变得不听使唤。这听起来有点像《欢乐满人间》这部电影中所发生的情节。

《欢乐满人间》通常被认为是迪士尼公司推出的最优秀的一部电影，它讲述了在一个叫做玛丽·波平斯的教练专家（以保姆的身份出现）身上所发生的故事：她被委以重任，要去改变银行集团（或家庭）成员的行为。她运用迪士尼的创意策略，将银行集团的每个成员变成梦想家，带他们进入一个由游乐飞车、障碍比赛和企鹅等组成的梦幻世界。当银行领导者回到现实世界之后，他认为他们应当做出更好的选择，并制定出一份如何把这些想法付诸实践的计划。这样玛丽·波平斯就胜利完成任务，于是她可以乘飞机去见下一个客户了。

我觉得此处引用该迪士尼电影情节简直太合适不过了。以下是使用该模型的一个很棒的过程：

■ 在一个房间里摆上三张卡片（每张卡片设计为 $40\sim50\,\mathrm{cm}^2$，间隔大约 2m），把它们的标题分别写成：梦想家、现实家和批评家。让你的教练对象站在"梦想家"卡片上，并在一种放松的状态中开始想象他们的期望状态。当他们处于这种状态时，让他们问自己："我会有什么感觉？我会看到或听到什么？"然后让他们离开"梦想家"卡片，踏入一个中性区域（三张卡片之外的任意地方），花一点时间来整理他们的想法。

■ 接下来让他们踏上"现实家"卡片，并开始思考需要采取什么措施才能实现自己的梦想。当他们处于这种状态时，让他们问自己："我怎么知道我何时达到了期望状态？这需要发生什么事情？需要哪些人参与进来？我首先需要采取什么步骤？"然后也让他们回到中性区域去整理思绪。如有必要，可以在纸上列出他们需要做哪些事情。开始与他们商定行动计划。

■ 最后让他们踏上"评论家"卡片，并评估刚才制定的行动计划的可行性。当他们处于这种状态时，让他们问自己："要发生什么事情，或者有谁出现，才可能阻止我达到期望状态？我怎么做才能克服这方面的困难？行动计划中有什么遗漏？"然后让他们回到中性区域，判断他们现在是否已经有了一个充满创意且经过深思熟虑的行动计划。如果答案肯定，那就支持他们去将其实现。如果答案否定，让他们重复先前的步骤，直到最后制定出一份令人满意的行动计划。

（当他们踏着卡片前进时，不要在旁边一直唱"真呀真厉害……"之类起干扰作用的赞歌。）

问题反思

■ 我的教练对象是否擅长想象他们自己的期望状态？

理论 36 杰拉德·伊根：高明的心理助人者模型

当你想帮助别人处理他们自己的问题时，可以用这个理论。

伊根（Egan）的高明的心理助人者模型包括三个阶段，其目标是实现持久变化，并使人们能够更有效地管理他们自己的问题。该模型可以图示如下：

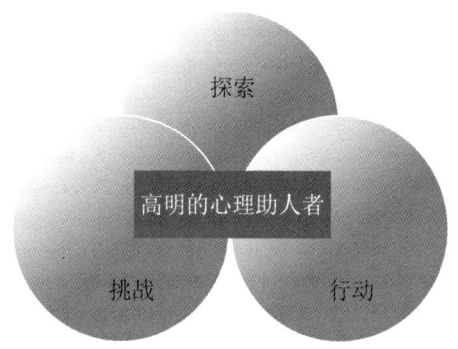

这三个阶段可以概括为：

探索：其目的是与他人建立一种安全无害的关系，并通过辨别与澄清问题和机会以及评估他们处理这些问题和机会的能力，从而帮助他们探索自己的现状。

挑战：其目的是通过鼓励人们质疑他们的真正需求和愿望以及他们可以考虑的其他可能性，从而帮助人们更深入、更客观地了解他们自己的情况。

行动：其目的是通过帮助人们设定可衡量、可操作的具体现实目标并制定一份实现这些目标的时间表，从而帮助他们将良好的意图转化为实际结果。

伊根认为，高明的心理助人者模型通过赋予行动、事件和情境以意义，鼓励人们积极解释自己周围的世界。他还强调很重要的一点是人们必须面对挑战和问题，设法将其克服，同时寻找新的发展机会。

学以致用

这里有一些技巧可以帮助你成为一名高明的心理助人者：

■ 从教练对象的言谈中发现对方发生了什么情况，然后在不带偏见或形成预判的前提下，对他们做出回应。一开始问教练对象一些开放性的问题，认真倾听他们的回答，但请专注于他们正在说的内容，而不是你打算说的内容。确保你坚持自己的观点，同时对事关他人的重要问题保持关注。通过用自己的话进行复述和反思，确保你已经完全理解了这些问题。总结在你们讨论中出现的要点。确保你在这些要点上与对方达成一致。

■ 如果你已经成功地与教练对象建立了融洽的关系，那么在探索阶段可能存在的任何不情愿或阻力都将被克服。如果你仍然遇到阻力，那就要敢于回到第一阶段，把刚才的步骤重复一遍。一次只讨论一个问题，鼓励对方考虑是否可以从其他角度来看待这个问题。让他们从别人的角度来看待这个问题。鼓励他们考虑各种选择和策略，并帮助他们理解和克服可能面临的障碍。一直留在这一阶段工作，直到对方愿意确定自己的发展领域。让他们记录下自己的发展领域。

■ 如果教练对象现在愿意做出改变，那么是时候将良好意愿转化为实际行动了。让他们想出尽可能多的实施策略。帮助他们根据当前形势、自己的需求和愿望以及所拥有的资源来判断拟采取的行动方案是否可行，如果答案肯定，则对其重点关注。其中一些行动可能由一系列的小步骤组成，而不是简单表现为一个大的步骤。如果教练对象能在培训的早期阶段取得一些成功，这有助于让他们建立自信，从而可以解决一些更加重要且更具挑战性的任务。一定要在同意召开后续会议并确定他们所取得的进展情况之后，才结束这个阶段的工作。如果教练对象没有取得进展，就不要对他们妄下评论，但要敢于质疑他们做出改变的决心不够。

为了帮助教练对象学会应对变化，现在你可以选择两个相关案例供他们学习。在其中一个案例中，进行改变给人们带来了积极的成果，而在另一个案例中，改变之后所产生的效果则不太理想。

问题反思

- 我做过的哪些事情对结果的好坏产生了影响？
- 我能以其他方式来处理这件事情吗？
- 我能用这种新方法来对目前的教练对象进行指导吗？

理论 37　费迪南·弗里斯：如何进行教练讨论

当你想要制定一个面对面教练的计划时，请使用这个理论。

弗里斯（Fournies）把面对面教练称为教练讨论。他认为这样做的目的是引导个人采取行动去解决问题或改善绩效。根据对人们需要采取的行动进行分析，弗里斯提出了一个包含五个步骤的模型。该过程可以表示为：

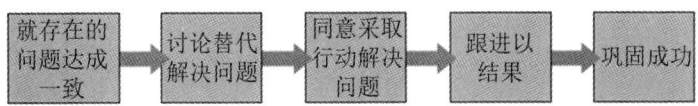

弗里斯认为，除非教练分析中发现的障碍被消除，否则教练讨论将不起作用。他还主张，如果讨论过程中出现障碍，对话就应该终止，教练应该重新分析出现障碍的原因，并在重新对话之前解决这个问题。

学以致用

教练讨论源自某种形式的教练分析，其中会分析人们没有完成他们应该做的事情的原因。该过程将回答一些问题，比如：教练对象知道他们的表现不令人满意吗？他们知道自己该怎么做吗？他们拥有做这件事的资源或技能吗？他们遇到的障碍会阻止他们做这件事吗？他们是否有足够的精力和动力让它发挥作用？只有当你完成了这种分析之后，你才可以进行教练讨论。如果你已经到了这个阶段，这里有一些在谈话中要注意的提示：

■ 就存在问题达成一致。不要主观臆断，认为教练对象已经意识到问题存在——这很容易导致灾难。你可能很难相信，但事实上许多员工虽然也怀疑自己有不对劲的地方，但不认为这是问题的症结所在。那你就指出这些行为可能对自己、同事以及公司有什么影响，从而让他们认识到这真是一个不容忽视的问题。

■ 与教练对象坐下来，讨论有哪些选项可以解决问题。记住，你想改变的只是教练对象的行为，而不是教练对象本人。因此，为了让教练活动真正有所收获，你要具体指出他们行为的哪些方面需要改变。

■ 与教练对象讨论，就可以采取哪些可行的整改措施而达成共识。要这样做，一个很好的方法是看看每种选项的优劣之处，以及你们在采用这种措施时双方都将面临的机遇和挑战。一旦你们清楚了该采取哪些措施，接下来就应当决定什么行动才有必要，以及应该在什么时候采取行动。

■ 不要把所有时间浪费在分析问题和讨论选项上，因为你必须留出时间来跟进检查，看行动是否已经成功完成。不要犯这样的错误：一看到教练对象出现行为改善的早期苗头，就认为教练活动已经大功告成。有效的跟进活动包括定期提供反馈意见以及对良好行为进行加强巩固。

永远不要低估加强和巩固培训对象取得的任何成就对他们产生的影响。你如果不对教练对象所取得的成就表示认可，他们很少会达到自我实现甚至自尊阶段（见理论 17）。在教练对象取得成就后，你要尽快这样做才能取得最佳效果。

问题反思

- 我是否让教练对象意识到他们存在问题？
- 我们是否就解决该问题的一系列方案达成了一致意见？

理论 38 蒂姆·盖尔威：内化游戏

当你想了解人们的行为能力如何受到来自内部和外部的影响时，可以使用这个理论。

盖尔威（Gallwey）联系体育中的网球、滑雪和高尔夫球来进行类比，告诉人们如何用任何程度的教练活动来释放一个人的潜力，从而最大限度地提高他们的表现能力。该理论主要基于这样一种假设，即"人们头脑中的对手"比任何外部障碍都更可怕。

这个理论的基本内容可以用下面的公式进行总结：

表现 = 潜力 - 干扰

在这方面，盖尔威认为，教练的主要任务是减少或消除阻碍个人或团队达到最佳表现水平的各种"干扰"。盖瑞坚信，要达到这个目的，教练必须参与三个阶段的对话。

这三个阶段可以概括为：
认知：在这阶段，所有各方能够明确界定并理解要讨论的情形。
选择：这是有意识感知的发展阶段，包括拓宽如何达到预期结果的视野。
信任：在这阶段，教练和教练对象对彼此能够不负期望具有不可动摇的信心。

盖尔威也许是第一个提出一种简单但全面教练方法的理论家，这种方法几乎可以应用于任何一种教练场合。他的想法影响了许多商业教练的主要倡导者。他将"真正优秀的教练"定义为那些让教练对象产生自信、相信自己的价值观和能力的人。

学以致用

　　盖尔威是一个带有几分神秘色彩的人物。他不仅是受人尊敬的网球教练，也是哈佛大学的教育家。当他最初将网球教练理论应用于管理培训时，很少有教练能接受他的想法。然而，他的著作很受体育专业人士的欢迎。他所做的是挑战"教练应该是专制霸王"的信念以及行为主义者所认为的观点：人们只不过是需要填满的空容器而已。他通过应用由意识、选择和信任组成的教练三原则而做到了这一点。以下是一些如何应用三原则的提示：

　　■ 认知阶段仅仅体现为一些步骤，用以明确定义当前面临的形势。不要把你对形势的看法强加于人，也不要告诉教练对象你将要采取什么行动。在这个阶段，通过询问教练对象对形势的看法，从而与他们建立起融洽的人际关系。询问他们希望教练活动达到什么效果，以及他们觉得什么样的教练方法才比较合适。此外，制定一系列可实现且可衡量的具体目标，并且设置完成期限。

　　■ 选择阶段是对那些可实现期待目标的选项进行检查。举行某种形式的头脑风暴活动，将所有选项都写下来，而不管它们看起来有多么不切实际，因为得到一份选项清单的过程才很重要。现在进行操作性检查，对不可行的选项进行扣分。把剩下的选项进行排序，确定它们在执行过程中的优先等级。你可以独立完成这个步骤，然后和别人交换意见。接下来和教练对象一起讨论哪个选项最有效，并商定行动计划。

　　■ 到目前为止，因为所有工作都没有针对个人，所以教练对象应该感到他们得到了尊重、受到了重视，并且能够带着信任和信心继续前进。最优秀的教练能让教练对象产生自信，让他们觉得自己受到重视并有能力完成任务。而这只有在教练对象信任教练的能力和意图的情况下，才能实现。

达到这种教练水平并不容易。你需要掌握一种心态，以此作为自己做任何事情的指导框架。这包括对人们如何学习（见理论1~4）、你的交流方法（见理论 8~10）、你的激励技巧（见理论5~7）以及你的价值结构都具有良好理解。但请不要为此而烦恼，因为这些都是你通过学习可以掌握的素质！

问题反思

- 我们是否清楚地知道自己面临的形势？
- 我们是否充分讨论了实现期望结果的可用选项？
- 教练对象信任我吗？

理论 39 霍华德·加德纳：多元智能

当你想了解人们如何以他们特有的方式处理信息时，可以使用这个理论。

加德纳（Gardner）提出，人类拥有几种不同类型的智能，而这些智能形成了在一系列不同环境和文化中处理信息的潜力。

加德纳最初总结的七种智能是：
语言能力：理解并使用口头语言和书面语言的能力。
逻辑数学能力：合乎逻辑地分析问题的能力。
肢体动觉能力：使用和解释表达动作的能力。
视觉空间能力：识别模式和维度的能力。
音乐能力：创作、表演和欣赏音乐模式的能力。
人际交往能力：理解他人意图、动机和愿望的能力。
内省能力：理解自己的感受、恐惧和需求的能力。

他后来又增加了三种智能：
自然主义能力：对自然界中的物体进行识别和分类的能力。
精神能力：围绕人类的存在，进行理性思考的能力。
存在主义能力：解决关于生命意义的深层问题的能力。

加德纳对多元智能提出了两个基本主张：第一，它们说明了人类认知的全部范围；第二，每个人身上都拥有不同智能形成的独特组合，从而让他成为独一无二的人类个体。

学以致用

识别一群教练对象的个体差异将有助于你更好地理解学习过

程，并为开展教练活动做好准备。你会从加德纳的理论中体会
到，人们拥有一系列不同的智能，因此他们处理信息的方式也各
不相同。让我们从下面的角度来讨论这个问题：

假设你作为一名烹饪教练而出现在电视名人烹饪比赛中。参
加这场名人烹饪大赛的客人有：J．K．罗琳（《哈利波特》丛书
的作者）、斯蒂芬·霍金（理论物理学家）、达茜·巴塞尔（首
席芭蕾舞演员）、维维安·韦斯特伍德（时尚大师）、阿黛尔·
阿金斯（奥斯卡获奖歌手的歌曲作者）、空军副司令伊莱恩·韦
斯特（英国最资深的女军官）、理查德·布兰森（企业家）、艾
伦·蒂施马奇（电视节目主持人）、安吉拉·伯纳斯-威尔逊
（英国第一位被任命为英国教会牧师的女性）以及道格拉斯·亚
当斯（《银河系漫游指南》的作者）。你的角色是教会这些客人
如何准备你的特色菜。看看下面的表格并填写栏目内容。

客人	主要智能	你会怎么教他们烹饪
J·K·罗琳	操纵文字并玩弄词藻	
斯蒂芬·霍金	处理逻辑问题和复杂操作	
达茜·巴塞尔	参与涉及运动和触摸的活动	
维维安·韦斯特伍德	尝试运用不同的形状和颜色	
阿黛尔	听音乐和作曲	
伊莱恩·韦斯特	在团队中工作并负责指导他们	
理查德·布兰森	独立完成具有挑战性的任务	
艾伦·蒂施马奇	使用天然产品	
安吉拉·伯纳斯-威尔逊	冥想和思考重要问题	
道格拉斯·亚当斯	寻找生命更深层的意义	

　　既然你已经向他们展示了如何烹饪，看看你如何将这些原则应用到你自己的教练活动中吧。

问题反思

■ 我是否知道教练对象是如何处理信息的？

■ 我安排教练课程时是否考虑到了这一点？

理论 40 安德鲁·吉尔伯特和凯伦·惠特尔沃斯：OSCAR 教练模型

当你想要一个以解决方案为中心的教练模型时，可以使用这个理论。

吉尔伯特（Gilbert）和惠特尔沃斯（Whittleworth）认为，专注于解决问题的教练活动不同于其他培训方法，因为它专注于解决问题，而不是重在问题本身。他们声称自己的理论模型是为了发现哪些因素能够奏效，并将其复制保留，而不是继续做那些效率低下的工作。该模型的组成因素可以缩写为 OSCAR，其描述如下：

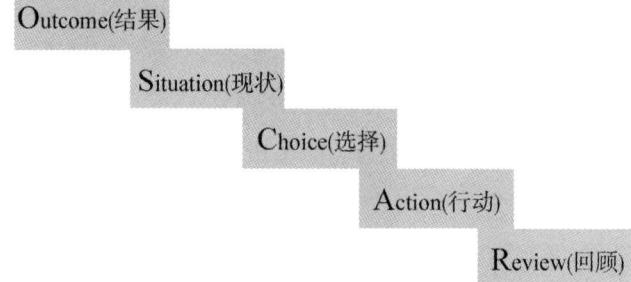

该模型的组成因素可以概括为：

结果：这是指教练决定教练对象想要达到的目标。

现状：这是指教练澄清教练对象面临的现状。

选择：这是指教练和教练对象讨论存在哪些可用选项以及做出特定选择会产生的后果。

行动：这是指教练鼓励教练对象为他们自己的行动计划承担责任。

回顾：对教练对象和教练来说，这都是一个对迄今为止所采取的干预措施进行反思的机会，并评估哪些措施行之有效，哪些措施需要修改。

吉尔伯特和惠特尔沃斯认为，他们的教练模型将激发客户现有的技能和能力，将该过程的所有权从教练转移到客户身上。

马克·麦克戈（Mark McKergow）和保罗·杰克逊（Paul Jackson）提供了一个略有不同的模型版本（缩略为 OSKAR），他们用专业知识（know-how）和资源（resources）取代了选择（choice）。这是教练发现客户技能、知识、品性以及他们拥有哪些资源的地方。

学以致用

学习 OSCAR/OSKAR 教练模型的一个好方法是认识到其中的原则是：通过激励教练对象分析自己的情况并阐明他们如何采取措施进行改变，从而转移教练过程的所有权。使用这种模式，意味着优秀教练的本质是让教练对象清楚他们目前所处的状态、想达到的期望目标，以及你作为教练如何支持他们实现目标。下面是一些有用的提示和问题，帮助你在每个阶段向自己的教练对象提问：

■ 要确定客户的期望结果，可以问他们："你想通过教练活动实现什么目标？你希望本次教练活动取得哪些具体成果？你怎么知道自己什么时候取得了成果？"

■ 为了让客户清楚他们目前所处的状态，可以问他们："你觉得自己现在处于哪种状态？你在实现目标的过程中具体发生了什么情况？你认为自身具有哪些优势和劣势？"

■ 要和客户讨论可以采取哪些行动方案，可以问他们："你面临的机遇和挑战是什么？这些会对你产生什么具体影响？如果你不面对它们，那将会发生什么情况？"

■ 为了决定你们下一步需要采取什么措施，可以问客户：

"目前哪些事情进展顺利？下一步需要采取什么具体措施？你怎么知道你在什么时候完成了这一步工作？"

▪ 为了确认客户使用的方法正确，可以问他们："你采取了什么措施来促成这些变化？这些变化产生了什么具体影响？你认为接下来会发生什么变化？"

如果你更喜欢 OSKAR 模型，只需用"专业知识"来代替"选择"就行了，然后问他们：有什么能帮助你在目前的水平上发挥表现？你具体有哪些技能、知识和品质？如果你不提高专业技能会发生什么后果？

问题反思

▪ 我是否通过提出挑战性而非恐吓性的问题来让他们全力以赴？

▪ 我和客户是否都清楚他们目前所处的位置以及他们期望取得的目标？

理论 41　丹尼尔·戈尔曼：情商

用这个理论来理解：高智商和技术专长并不是产生有效实践的唯一品质。

戈尔曼（Goleman）认为学习不仅仅是培养高智商或技术专长；人们也需要发展他们的情商。他认为情商包括五个关键要素：

每个要素的特征是：
自我意识：教练必须意识到思想、感觉和行动之间的关系。他们必须能够认识到是什么想法引发了情绪，以及这些情绪会对自己和他人产生什么影响。
管理情绪：教练必须分析隐藏在这些情绪背后的原因，并能够以积极的方式来处理它们。
同理心：教练必须能够以积极的方式处理教练对象的情绪。这要求教练能够理解教练对象的感受。
社交技能：教练需要发展高质量的人际关系。这将对所有相关人员产生积极影响。知道在什么时候以哪种方式发挥带头作用以及在什么时候应当和他人保持一致，这是一项基本的社交技能。

续表

每个要素的特征是：
动机：教练不能总是依靠外部奖励来激励他人。相反，教练必须支持教练对象形成他们自己的内在动力来源。

戈尔曼认为，拥有高度的自我意识以及对他人的理解能力，不但可以让一个人更加优秀，同时也可以让他成为一个更优秀的教练。

学以致用

你可能曾经在某本书上读到：我们生来就有大量的脑细胞，但是每天都有数千个脑细胞死亡，并且在我们去世之前情况一直如此。这应当是一条坏消息。但好消息是上面说的不是真的：这就是戈尔曼所说的"神经神话学"。神经科学家声称：我们非但不会失去脑细胞，而且会根据自己的经验不断重塑大脑结构（见理论 23~25）。因此我认为，通过坚持积极的想法和行动，你新形成的大脑肯定会让你发展得越来越优秀，并让你自然而然地以正确的方式做正确的事情。当然，这只是我的一种猜测而已。此外，让人悲哀的是，戈尔曼的理论同样带有臆测成分。但是，既然戈尔曼的理论不太靠谱，那还值得一试吗？如果你愿意将其应用到自己的教练活动当中，那下面这些建议可能对你有所帮助：

■ 首先，完成戈尔曼设计的情商问卷。但这不是考试，只是一份问卷而已。有许多在线网站可以向你提供这种问卷。

■ 记录已经发生的任何重要事件，以此培养你的自我意识。简单地记下发生了什么、为什么会发生、你做了什么以及它对你和别人的影响就足够了。

——试着从别人的角度看待这件事情。尽管你可能不同意他们的观点，但认识到他们有权表达自己的观点和信仰，会让你更加同情他们。

——仔细倾听他们要说的话，不要害怕根据他们的观点重新审视自己的价值观。

■ 从始至终，对任何问题都要努力找到一种可以实现双赢的解决方案。

尽管戈尔曼和加德纳（见理论 39）都有一批追随者，但他们只是主观地认为自己关于智力的理论比依赖智商的测试更有效。即使你因此而觉得戈尔曼提出的理论缺乏严谨性，但他关于教练应该表现出什么样良好情绪的模型仍然令人信服。

问题反思

■ 我和自己的教练对象是否都意识到思想、感觉和行为之间的关系？

■ 当教练对象向我倾诉时我认真聆听了吗？

理论 42 布鲁斯·格里姆利：7Cs 教练模型

> 当你想找一个系统化的教练方法来解决许多可能阻碍人们进步
> 的变化因素时，可以使用这个模型。

格里姆利（Grimley）建议，有效的教练活动会解决许多变化
因素，从而确保到教练活动结束时，教练对象就已经实现了他们
的期望目标。

教练活动结束时，教练对象应当：
清楚（Clear）他们正在努力实现的目标；
相信实现这些目标的形势（Climate）大好；
有能力（Capability）取得有效成果；
具有一致性（Congruent），并以符合他们感觉的方式行动；
对他们的行为充满信心（Confident）；
致力于（Committed）获得最有效的解决方案；
将根据上述内容，同时向内部和外部传达（Communicate）他们的意图。

格里姆利认为，为了让 7Cs 真正生效，它们必须再添上第八
个"C"，即"勇气"（Courage）。

学以致用

我喜欢格里姆利用"7Cs 启航"这个术语来描述该模型中涉
及的过程。这可以非常恰当地用人们进行旅行来做比喻。

> 威廉因欺诈罪而服刑两年之后，第一次来找我当他的教
> 练。他虽然曾是一家服装公司的生产经理，但他意识到自己不
> 可能再回到原来的岗位了。他认为自己最好自谋出路，并希望

我担任他的商业教练。他的想法很清楚，就是把失业的刑满释放人员组织起来工作，因为他同情这些人，对他们的遭遇感同身受。然而，他在监狱里度过的时光削弱了他的斗志，他常常对自己过去的所作所为深感内疚。

下面是一些有用的提示和问题，你可以用它们来向自己的教练对象提问，从而弄清楚他们对每个 C 的认知水平：

▣ 清晰性：为了使这些问题变得具体并可衡量，可以这样问："你想达到什么目标？你怎么知道自己什么时候实现了这个目标？"

▣ 形势：为了将这些问题与环境联系起来，可以问他们："什么时候开始实施这个想法才显得合适？你会花多长时间来实现这个目标？"

▣ 能力：为了确定他们是否认为这个目标可以实现，可以问他们："你有什么技能可以用来实现你的目标？"

▣ 一致性：为了发现拟采取的行动方案是否与他们的价值观和信仰保持一致，可以问他们："你在哪方面的人品可以帮你实现目标？"

▣ 自信：为了确定他们的自信水平，可以问他们："你现在对自己有什么评价？再过一年（两年或三年），你会到达什么样的水平？"

▣ 投入：为了衡量他们的动机水平，可以问他们："你有多希望这种情况发生？"

▣ 沟通：为了了解他们的自尊水平，可以问他们："关于未来，你会和别人说什么？"

你得接受一个事实：这可能是一个相当漫长的过程。比如，为了解决威廉的问题，我一直对他进行了长达六个月的训练，直到他完全能够接受自己，并有勇气出去自谋生路。

问题反思

■ 我确定自己在教练活动中已经涵盖了这一模型的所有要点了吗？

■ 我是否对每个问题足够深入？

理论 **43**　约翰·格林德：新行为发生器

> 当你想帮助别人把他们希望改变的愿景付诸行动时，可以使用这个理论。

格林德（Grinder）将新行为发生器（NBG：New Behaviour Generator）描述为一种工具，它可以帮助人们采取实际行动，将自己先前关于期望状态的愿景转变为现实。格林德认为，这可以通过让人经历一种心理彩排的过程来实现，其方法就是在脑海中生成新状态的图像，然后将它与某种视觉表征过程联系起来。

构成 NBG 的基本信念是：
思维导图：人们通过创建新的期望状态的思维导图来学习新的行为。
构想：思维导图越直观越完整，就越有可能让人达到期望状态。
聚焦：把全部精力投注于结果是达到期望状态的最有效、最快捷的方法。
资源：人们拥有达到期望状态所需的资源。
成功：成功实现期望状态将是对现有资源进行利用和组织的结果。

格林德认为，NBG 是一种有助于人们实现长期目标的技术，但个人需要具备构想、坚持和乐观的能力。格林德还指出，当最初行动的目的是要努力避免让某种状态发生时，也可以使用 NBG。但无论是要获得期望状态还是要避免出现某种状态，NBG 过程都会保持不变。

学以致用

> 我毫不怀疑《美好生活》（It's a Wonderful Life）（1946）

是有史以来最伟大的一部电影！在电影中，乔治·贝利（由詹姆斯·斯图尔特饰演）渴望"做大事、做重要的事"。由于遭遇了很多不幸，乔治面临破产，甚至被逼到了自杀的边缘，这时一位经验丰富的教练克拉伦斯（表现为乔治的守护天使）出面帮助他。借助 NBG，克拉伦斯最终得知乔治的期望状态是"自己从未出生"。于是克拉伦斯运用只有伟大教练才具有的神奇技能，把乔治带到了一个他还没有出生的世界里面。当乔治逐渐意识到在自己出生之前，人们的生活是多么悲惨时，他把自己现在极度绝望的感觉和使用 NBG 之前的不快乐心情进行了对比。克拉伦斯后来欣喜若狂，因为他获得了一次重生的机会。此外克拉伦斯还发现朋友和家人已经团结起来挽救自己的生意，并且在他得到一对翅膀（一个特别的教练奖）时，每个人都感动得流出了眼泪。唯一让人遗憾的是：这部电影居然从未获得奥斯卡奖！！

在尝试将其作为教练工具之前，你可以使用以下步骤将 NBG 应用到自己身上：

■ 问自己，"如果我处于期望状态，会有什么感觉？"此时你要努力想象自己就处于这种期望状态当中。

■ 你可以通过将期望状态与你可能已经实现的类似状态联系起来，或者与已经具有期望状态并且让你乐于模仿的人们联系起来，从而扩展脑海中正在涌现的视觉图像。

■ 创作一部电影或心理图像，在其中你可以自己扮演主角，当然也可以选择你希望模仿的人物作为主角。自己导演这部电影，直到你得到自己的期望状态。

■ 在精神上和你创造的主角形象融为一体。描述此时你将会看到、听到和感受到什么。把你现在的感觉和你在电影中的感觉进行比较。如果两种感觉能够匹配起来，你就处于期望状态。如果它们不能匹配，那么你就需要了解其中缺失了什么因素。

如果你碰巧已经阅读了本书的其他所有条目，你就会理解我为什么对这些电影如此热爱。你不一定非得成为卡普拉（Capra）或坦伦蒂诺（Tarentino）才能使用 NBG；但是你需要发挥一些想象力，并对这种方法相当具有信心才行。如果这种方法对你来说太离谱了，不要担心，因为在这本书里还有其他方法可以使用（见理论 21）。

问题反思

- 我是否擅长于构想自己的期望状态？
- 我是否有足够的信心与我的教练对象一起使用这个工具？

理论 44 理查德·黑尔和艾琳·哈钦森：INSIGHT 教练周期

> 当你想找一个能帮助人们取得进步的理论框架时，可以使用这个模型。

黑尔（Hale）和哈钦森（Hutchinson）声称，使用 INSIGHT 教练周期的好处是，它将支持教练在与教练对象进行真诚和诚实对话的基础上，让他们变得性格坚强、愿意敞开心扉，并且与教练发展出具有影响力的关系。该模型的英文首字母可以缩写为"INSIGHT"。

该模型的组成内容可以概括为：
初步评估：这将让教练有机会制定关于教练活动的核心要求。
协商教练计划：其中应当覆盖举行教练活动的一些重要内容，包括："教练什么""何时教练""在哪里教练"以及"如何教练"。
自我发展计划：这将使教练对象能够确定个人或职业发展的领域，并使教练能够讨论有哪些恰当的支持发展的教练方法。
洞察自己的能力：这将鼓励教练对象反思自己具有哪些优势和劣势。
成长和个人反思：对教练对象和教练来说，这都是一个反思迄今为止所采取的教练措施，和评估哪些措施行之有效以及哪些措施需要修改的机会。
需求层次：这将使教练对象和教练都能洞察彼此的需求是否得到满足。
测试新的技能和知识：这将给教练对象提供机会测试他们所学到的新技能和知识，并对其他需要完成的任务进行评估。

黑尔和哈钦森声称，使用这种模型将使教练能够以相对安全可靠的方式挑战人们的感知、态度和行为。

学以致用

　　INSIGHT 模型相对简单，进行内省和反思是学习该模型的一种好方法。使用这种模型意味着优秀教练活动的本质即是强调：发展过程是双向的，它取决于教练双方对彼此有绝对的信任。以下是一些提示和颇有深度的问题，你可以在每个阶段向自己的教练对象提问：

　　■ 要确定教练对象的期望目标，可以问他们："你想通过我的教练活动，实现什么具体目标？对你来说，什么是'成功'？你认为什么样的教练风格最适合自己？"

　　■ 要阐明教练活动将什么时候在哪里以及如何开展，可以问自己的教练对象："你觉得在哪里学习最舒服？你如何看待客户-教练关系的发展？你可以腾出多少时间来参加教练活动？"

　　■ 确定需要在哪些发展领域开展教练活动，可以问自己的教练对象："你目前的优势和劣势是什么？你面临的机遇和挑战是什么？你如何利用自己的优势和机会，克服自己身上的弱点以及面临的挑战？"

　　■ 为了加深对个人信仰、价值观和目标的理解，可以问自己的教练对象："如果经过培训，你认为自己会有什么不同？这将如何让你变得更优秀？你怎么知道你在什么时候完成了这一步工作？"为了确认教练对象使用的方法正确，可以问他们："你采取了什么措施来使这些变化发生？这些变化产生了什么影响？你认为接下来会发生什么变化？"

　　■ 为了确定教练对象的需求得到满足，可以问他们："你对自己目前的状态有多满意？你对自己希望继续参加教练活动的动机如何评估？你怎么知道自己在什么时候完成了自我实现？"

■ 为了确认教练对象已经实现了他们的期望结果，可以问他们："你从教练活动中主要学到了什么？你打算如何应用自己学到的知识？你将如何衡量这些知识的有效性？"

问题反思

■ 我在提出有深度的问题吗？
■ 我能获得这些问题的真实答案吗？

理论 45　彼得·霍金斯：CLEAR 模型

> 当你想拥有一个系统化的教练过程，包括对教练的表现和客户的进步进行评估时，可以使用这个模型。

霍金斯（Hawkins）的模型大致基于亚里士多德的主张，即清晰的目的意味着：

首先，要有一个明确、清晰且符合现实的理想，即一个目标，一种目的。其次，要有达到目的的必要手段：智慧、金钱、材料和方法。第三，为实现这个目的而调整你的所有手段。

该模型的组成因素可以缩写为 CLEAR，其描述如下：

Contracting(签约)

Listening(倾听)

Exploration(探索)

Action(行动)

Review(回顾)

该模型的组成因素可以概括为：

签约：这是指教练阐明教练对象可以从教练活动中获得的结果，同时确定教练的范围以及自己与教练对象合作的基本规则。

倾听：这是指教练带着同情心积极倾听教练对象的诉说，以便了解他们所发生的情况并对他们的问题形成自己个人的看法。

探索：这一阶段由两个要素组成：（a）帮助教练对象理解当前形势对他们产生了什么影响；（b）激励教练对象思考他们可能取得什么成就。

续表

该模型的组成因素可以概括为：
行动：这是指教练帮助教练对象选择最适合他们的进步方式。
回顾：这一阶段由两个要素组成：（a）回顾教练对象所取得的进步——他们做出了什么决定，而这些决定又对他们产生了什么影响？（b）回顾教练在该过程中使用的教练方式——是什么帮助或阻碍了教练对象的进步，以及他们希望在未来的教练活动中看到哪些不同的做法？

学以致用

坚持敞开心扉并进行反馈这两个原则，是应用 CLEAR 模型的好方法。根据这种模型，优秀教练活动的本质是希望从客户那里得到哪种教练活动对他们有效的反馈意见，并且，如果确有必要，可以在采取进一步行动之前调整教练方法。以下是每个阶段都要牢记的一些有用提示：

■ 有效教练的规则对教练和教练对象都很重要。建立一套你们都同意的基本规则。不要将其强加于人：你们应当一起制定这些规则，这有利于产生主人翁意识，并让规则得到双方的遵守。

■ 在整个教练活动中认真倾听教练对象的意见。确保他们相信你完全明白他们的意思。通过重复他们所说的话并总结你的理解来证明这一点。

■ 了解教练对象目前的状况。你虽然不是他们的治疗师，但不要把你的问题局限在他们的专业领域。在他们的个人生活中可能会发生影响他们学习能力的事情。

■ 不要直接给出建议，而是支持他们自己就下一步需要做什么以及如何着手行动得出结论。

■ 抽出时间反思已取得的成就，并在必要时重新调整你下一次采取的教练方式。确保你得到真实的反馈意见，并以积极的方式对他们的反馈做出回应。

问题反思

- 我们是否制定了双方都满意的基本规则？
- 我是否鼓励我的教练对象就他们目前的位置以及他们的期望目标进行思考？
- 我是否收集他们对我教练活动的反馈意见，并准备按照这些反馈意见而采取行动？

理论 46　乔恩·卡巴金：正念

> 当你想指导人们如何有效应对压力时，请使用这个理论。

虽然正念（mindfulness）是基于佛教的一些原则，但正是通过卡巴金（Kabat-Zinn）的努力，才使它成为一种训练工具。根据卡巴金的观点，正念是以一种超脱的、去中心的且非判断的方式来整理自己的思想。这可以描述为：

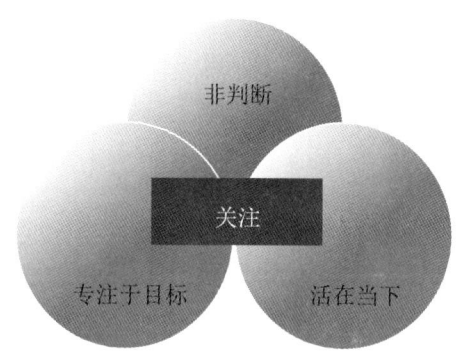

正念的三种特征可以概括如下：
非判断：不要让你自己的目标和价值观影响你对教练对象的判断。
专注于目标：学会管理由不确定性带来的不适感觉。当事情进展不顺利时，不要心生退意。专注于手头的教练任务。
活在当下：学会放慢生活节奏，忽略大脑中不时浮现的消极想法，体验事情的本来面目。

卡巴金理论的核心是使用冥想技巧关注内心，观察头脑中正在发生的想法，但不被它们所影响或误导。要做到这一点，根据卡巴金的观点，需要我们接受一个事实，即我们的思想有其自

主性。

学以致用

有人曾经告诉我，如果你每天找不出 20 分钟的时间来进行冥想，那就找一小时的时间来进行冥想。大多数人都认为有必要花时间来保持卫生（淋浴、刷牙等）或者进行锻炼，但忽略了他们最大的财富——他们的头脑——所需要的关心和保健。头脑可以成为快乐或绝望、创造力或自我毁灭、解决问题或制造麻烦的源泉。

你看过 BBC 电视连续剧《弗蒂塔》（Fawlty Towers）中约翰·克立斯对酒店老板巴兹尔·弗蒂的精彩刻画吗？巴兹尔在生活中总在经历一场又一场的危机，因为他的计划似乎注定会遭遇失败。在一个虽然滑稽、但在我看来也很悲惨的场景中，巴兹尔试图举办一个美食之夜来提升他的酒店地位。不用说，一切都乱了套，最后他只能连声咒骂并拿起一根树干狠狠抽打自己抛锚的汽车。

如果这一幕听起来很熟悉，那我怀疑你就像巴兹尔一样，每次试图弥补一点误工时间，就会发生一些只有你亲自参与才能解决的事情。只有你自己才能解决？你在跟谁开玩笑？你真的那么重要、那么不可或缺吗？你是自己唯一相信有能力把事情处理好的人选吗？如果邀请你做巴兹尔的教练，你会怎么做？

■ 嗯，你可以从训练巴兹尔集中注意力开始。让他看看自己的日常活动，按照它们重要与否分成两类。然后让他检查一下记载着重要事情的清单，把其中的紧急事情和不紧急事情分开。

■ 现在让他处理所有重要且紧急的问题。确保他能为虽然重要但不紧急的事情也留出一些时间。让他整理出那些虽然不重要但却紧急的事情。最后让他看看那些既不重要也不紧急的事情，并问他为什么要做这些事情。

■ 这样到目前为止，巴兹尔应该已经创造了至少 20 分钟的冥想时间。这将有助于他培养出一种不同的心态，希望这种心态能让他对日常生活有一种新的看法。

■ 如果你在上一阶段已经成功，那么巴兹尔将开始学习体验当下，并让他逐渐摆脱对事件不经大脑思考的习惯性反应。他将开始看到事情的真实情况，并明智地做出反应，而不是依靠自己的本能行事。

如果你是巴兹尔的教练，并成功地把他从一个狂躁的酒店老板变成了一名和蔼可亲的房东，那你必须为有史以来最有趣的电视节目过早结束而承担责任。对不起，对此我不能原谅你！

问题反思

■ 我是否说服自己的教练对象每天要至少花 20 分钟进行反思？

理论 47 马克斯·兰茨伯格：教练之道

> 如果你想通过帮助员工发展和成长来提高自己作为管理者的工
> 作效率时，就可以用这个理论。

　　兰茨伯格（Landsberg）认为，教练活动包括给予反馈、进行
激励以及有效地提问。他声称教练的主要作用是从教练对象的意
愿和技能两方面来判断他们是否已经做好承担特定任务的准备。
他认为教练方法将取决于教练对象掌握技能的程度，并遵循以下
方针：

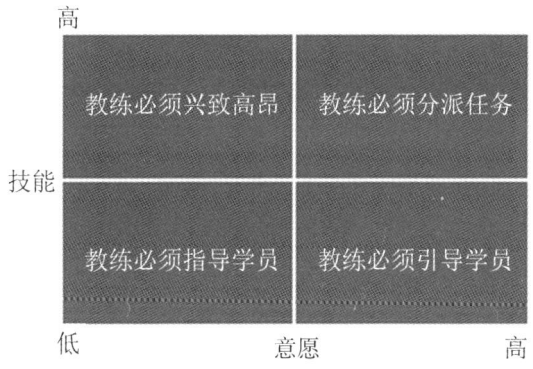

　　资料来源：*Landsberg*，M.（2003）*The Tao of Coaching*. London：Profile
Books.

教练应该制定一个教练计划，其中包括：
背景设置：这将涉及：技能和意愿水平的诊断；明确将要采取的方法；在人际关系中建立信任；找出让教练对象兴奋的因素；描绘一幅令人信服的目标愿景。

续表

教练应该制定一个教练计划，其中包括：
提供持续指导：这将涉及选择最适当的干预措施，具体表现为：持续20~60分钟的实质性结构化课程；5~10分钟的关于教练表现的简短讨论；或提供非常简短但较为频繁的反馈意见。
有效总结：这将包括：反思所学知识；获得对你作为教练的表现的反馈意见；决定接下来要采取的教练措施。

兰茨伯格将教练活动描述为一种动态互动，而不是依赖于单向的讲述或指导。此外，他认为这种经历可以达到教学相长的效果，让教练也从中获益。

学以致用

有些书的标题吸引眼球，但内容却让你大为失望。但《教练之道》（*The Tao of Coaching*）绝非此类卖弄噱头的书籍。这本书将一些有趣的理论、模型与一个人作为教练的成长经历结合起来。以下是从这些经历中得到的一些有益提示：

■ 首先，在设定背景时，不要让自己养成这样的教练习惯，即一开始就贸然建议教练对象要做这件或那件事情。对教练对象的技能和意志水平要进行背景调查。询问他们已经具有哪方面的知识和能力，以及他们进一步发展的动力有多大。永远不要害怕与教练对象分享你自己的优势和缺陷。这将是在这段关系中建立信任的一个强有力手段。一旦你建立起了这种信任，你就能引出真正让教练对象兴奋的东西，并且知道如何让教练对象接受你对他所拥有的潜能的看法。

■ 一旦做好了教练准备，你和教练对象需要就哪种教练措施最适合双方达成一致。你需要考虑到其中涉及的通勤情况。如果你们双方都有其他重要的工作要做，那频繁举行为期一小时的教练活动可能就不切实际。附带的简短评论也可能不会取得任何实质性的效果。问一下教练对象什么时段培训对他们最方便，看看这样安排是否会和你其他的日常工作发生冲突。举行次数少一些的实质性教练活动，并辅以偶尔的讨论和定期的表现反馈，将起到理想的效果。

■ 你不会希望培训取得的效果就此消失，从而让你和教练对象都对先前举行的教练活动感到不满。尽量让教练活动以一种卓有成效的方式结束。除了提高教练对象的表现之外，你还希望自己作为教练的自尊和声誉能因先前举行的教练活动而得到提升。让教练对象反思他们在教练活动中学到了什么知识，同时让他们反思你对此做出了什么贡献。此外，总是问他们下一步打算做什么。

问题反思

■ 在探索教练对象以及公司对教练活动怀有什么样的期望时，我是否表现得足够仔细、足够关心？

■ 我是否愿意接受教练对象对我作为教练的表现提出反馈意见？

理论48 大卫·莱恩和莎拉·科里：目的、视角和过程

当你想把教练活动类比为旅程来进行组织安排时，就可以使用这个理论。

莱恩（Lane）和科里（Corrie）认为自己开发的目的、观点和过程模型对教练有用，因为该模型能使他们具有一个明确的教练目的、一个影响教练方法的基本理论框架以及一套使教练和教练对象都能行动有效的结构体系。

我们可以把该模型中的三个组成因素类比为教练和教练对象正在旅行，通过他们提出的一些关键问题来对其进行简要总结。

提出的关键问题是：
目的：我们要去哪里以及为什么我们要去那里？该问题可以准确地树立教练对象想要达到的目标。
视角：哪些因素会影响我们的旅程？该问题可以了解双方在参与教练活动方面的经验，以及这些经验将如何影响教练过程中发生的事情。
过程：我们如何去那里？该问题可以确定最有效的合作方式。

莱恩和科里认为，该模型可以用于描述旅行中的一段或全部路程。他们声称，使用该模型将有助于教练了解教练对象的需求，与他们建立起融洽的人际关系，并确定恰当的教练方式。

学以致用

这个模型虽然非常简单，但可以对教练产生相当大的影响。下面是一个真实的故事：

哈罗德是一位技术娴熟的工程师，但在 20 世纪 70 年代初，他和自己同时代的许多人一样，在工程领域寻找工作时遇到了困难。当时，我是一个受过培训的就业教练，正在帮哈罗德求职。我知道对他来说什么才是正确的选择，于是就说服他从工程部门转行到有职位空缺的服务部门。我得到通知，知道一家大型自助商店要招一位车间服务员。我敦促哈罗德前去申请这个岗位。他去参加了面试。但他没有得到那份工作，不久之后就自杀了。

我当时觉得我和他之间建立起了良好的合作关系，而他也相信我的判断。但我现在才意识到当初自己在哪儿出错了：我在那段合作关系中占据着主导地位，但那只是我解决问题的办法，而不是他解决问题的办法。以下是一些有助于避免教练活动失控的技巧：

■ 讨论举行教练活动的目的。找出教练对象想要达到的具体目标。花点时间互相了解。通过对话，掌握自己教练对象的整体情况。与他建立融洽关系，确定共同感兴趣的领域。

■ 了解教练对象之前参加过哪些教练活动，以及他们对这些活动有何感受。分享你自己作为教练或学员参加教练活动的经验。记住，你们都是带着自己的个人背景、生活经验和专业技能来建立人际关系的，而这样的人际关系将对你们的行为产生重要影响。

■ 找出合作的方式。描述你觉得自己能做到哪些以及做不到哪些。不要让教练对象对你产生一种不切实际的过高期望，因为这超出了你的能力，你完全无法满足他们的高标准要求。讨论教练活动中可以提供什么样的机会和选择，以及你能提供什么样的最有效帮助。开诚布公地分享你对他们需求和局限性的看法。

告诉教练对象做什么事情对他们来说可能不是最佳选择。支持他们自主决定，这将使他们拥有解决问题的所有权。

问题反思

- 我是否完全理解教练对象希望通过教练活动产生哪些收获?
- 为了让教练活动发挥最大效用,我们是否已就如何合作达成了一致意见?

当你想拥有一个系统化的过程来确保激励计划能导致自己实现目标时，就可以使用这个模型。

麦克劳德（McLeod）声称，该模型包含了一些基本元素，可以帮助教练确保他们的客户已经形成了一个通向成功的激励策略。该模型可以缩写为"STEPPPA"。

该模型的组成因素可以概括为：

主题：这是指教练检查正在解决的问题是否属于教练活动的覆盖范围以内。

靶向目标：这是指教练评估教练对象设定的目标是否符合实际。

情绪关联：这是指教练评估教练对象是否对希望改变的问题进行了足够的情感投入。

感知和目标再评价：这是指教练旨在扩展教练对象对问题和目标的自觉感知。

计划：对于教练对象和教练来说，这都是一个反思目前所采取的干预措施以及评估哪些措施行之有效和哪些措施需要修改的机会。

进度：这是指教练对象和教练决定是否按照时间表进行教练活动，或者是否需要重新安排实现目标的时间表。

适应或行动：这是指在采取教练行动之前，双方审查教练计划，并做出必要的调整。

麦克劳德指出，这些步骤的开展可能并不总是遵循上述顺序。但他又补充说，上述每个步骤都很重要，完全漏掉其中任何步骤都可能带来风险。

学以致用

将逐一实施该过程中的每个步骤作为一条教练原则，是贯彻

STEPPA 模型的一种好方法。使用这种模型，意味着优秀教练活动的本质是严格贯彻这一过程，具体表现为夯实基础、反思有哪些生效因素，甚至在确有必要之时，可以于采取行动之前调整计划。以下是每个阶段都要牢记的一些有用提示：

■ 意识到教练对象会带着各种各样的问题来参加教练活动。对于其中一些问题，他们是有备而来，但其他问题则可能在教练过程中才暴露出来。你需要查看你签订的教练合同，检查这些问题是否属于教练活动要解决的范畴。如果发现该问题不属于合同规定的教练范围，那么向教练对象解释你并不擅长于解决这一些问题，并建议他们向别人寻求帮助。

■ 你可能会发现有些教练对象虽然怀有远大目标，但缺乏实现这些目标的动力或信心。如果他们的目标不切实际，你要敢于向他们挑明这一点。此外，还要意识到他们的个人目标必须符合公司的整体需求。

■ 为了清楚教练对象对问题有多大的情感投入，可以让他们给问题打分，分值区间从 0（低投入）到 10（高投入）。鼓励他们扩大对问题的自觉认识，并对需要采取的措施形成更广泛、更清晰的意见。

■ 确保你和教练对象都思考一下：设定目标是否可以实现，实施战略是否可行，以及你们双方是否考虑了这样做对同事和组织所产生的更广泛影响。在反思阶段，同时讨论教练活动的速度是否合适。虽然你可能希望在规划阶段，或更早阶段（如果合适的话）完成这项工作，但只要你联系教练计划做了这方面的考虑，那么具体在什么时候进行倒没有多大关系。

■ 最后，要意识到你们双方都在教练过程中投入了时间和精力，并且都不想半途而废。此外，还要意识到动机是一种可变的力量，因此教练对象在教练活动中产生的成就感可能会受到这种力量的影响。不断检查教练对象的感受和情绪将确保他们在继续前进之前有足够的决心来解决问题。

问题反思

■ 我们是否在双方都感到舒适的界限内行动？

■ 教练对象是否有足够的情感投入来实现他们的目标？

■ 我们是否留出了足够的时间反思所取得的进展，并且我们是否愿意根据反思的结果来采取行动？

理论 50 亚历克·麦克弗德兰：GENIUS 模型

当你想找一个指导框架对有创造力的教练对象进行培训时，就可以用这个模型。

麦克弗德兰（McPhedran）声称 GENIUS 模型是一种教练工具，它是通过与有创造力的教练对象合作，推动并发展他们的雄心和创造力，从而将他们的想象力和抱负转化为鼓舞人心的现实。该模型可以描述为：

Goals（目标）	Energy（能量）	Nurture（培养）	Inhibitors（抑制因素）	Utopia（乌托邦）	Steps（步骤）

该模型的组成因素可以概括为：

目标：该模型包含三种类型的目标。我们需要设置这些目标，以便为教练活动提供一致性和焦点，从而促进事情发生。这些目标包括：（a）教练合同的期望目标；（b）教练课程结束前需要实现的目标；（c）在下一次教练课程开始前需要采取行动的目标。

能量：一旦设定了目标，教练需要和教练对象讨论他是否有能力实现目标。这是教练评估教练对象设定的目标是否符合实际的时候。设定不切实际的目标会对能量产生负面影响。

培养：一旦目标以及实现目标所需的能量水平确立，教练就需要培养教练对象。其中的形式包括提问、倾听、鼓励创造性思维以及采取冒险行动。

抑制因素：这是指教练和教练对象回顾阻碍他们达到期望结果的因素。这一阶段旨在扩大教练对象对问题和目标的自觉意识。

乌托邦：到了这个阶段，教练对象会对他们的理想状态形成一种愿景。

步骤：这是指教练对象和教练在着手行动之前回顾计划并做出必要调整。

麦克弗德兰承认这个模型对某些人来说可能并不完美，但他认为创造性教练的本质是将个人的想象力和抱负转变成鼓舞人心的现实。

学以致用

该模型可能最鲜为人知，但可能是本书这一部分最鼓舞人心的教练模型之一。麦克弗德兰在媒体传播行业担任人才教练，他承认自己作为教练的任务不是传授智慧，而是帮助教练对象发展他们自己的想法并提出解决问题的方法。以下是一些帮助你使用该模型的提示：

■ 第一步是为教练活动设定目标。这些目标将分为三类。确保期望目标具有开创性并且极为激进。培训目标决定了教练对象在教练活动结束时会取得什么成就。行动目标决定教练对象在进行下一次培训之前，将采取什么步骤来使他们更接近于自己的期望目标。从始至终都要努力使这些目标具体、可测量、可实现、符合现实并且带有完成期限（见理论 11~13）。

■ 确保教练对象实现目标的愿望和实现目标的能量水平之间不会出现巨大的差距。让他们在每次教练期间都评估自己的能量水平，并将其与自己先前的水平进行比较。让他们讨论为什么能量水平会上升或下降，以及他们为此能采取什么对策。

■ 留出足够的时间来思考教练活动的进度和流程，并对教练计划进行任何必要的调整。

培养创造力不是告诉教练对象该做什么，而是与教练对象合作，支持他们提高自我意识，了解他们有哪些选择、需要采取什么行动来缩小他们目前状态和期望目标之间的差距。

问题反思

- 我们是否设定了有抱负、可实现且可操作的目标？
- 教练对象是否有精力和决心来实现这些目标？
- 教练对象对自己所能取得的成就有清晰的认识吗？
- 我们是否留出足够的时间来回顾教练活动的进展情况？

理论 51　埃里克·帕斯洛和莫妮卡·瑞：简单的七大黄金法则

当你想要一套可以指导教练过程的简单规则时，可以使用这些法则。

帕斯洛（Parsloe）和瑞（Wray）认为，教练结果的质量取决于参与人员之间所形成的人际关系的质量。他们制定了简单的七条黄金法则，作为管理教练关系的一个过程。

这七条法则可以概括为：

成功来自始终如一地做简单的事情：不要让教练计划过于复杂，不要墨守成规或被不切实际的期望所左右。

确保你们有时间见面：忙碌的教练或管理者并不总是能腾出时间去会见他们的教练对象，反之亦然。

保持简短：留出足够的时间来涵盖你们双方都需要有的要点。然而，如果仓促行事，在某些情形下可能会产生压力，所以要采取灵活手段。

坚持基本流程：有一个双方都认可的操作方法并将其坚持下去。

养成"问而不说"的习惯：二八法则（见理论 68）在这里很有用——80% 的人提问，20% 的人给出答案。

记住，这全都是为了学习：教练活动不应当仅仅是告诉教练对象怎么做，而应当是鼓励他们自我成长。定期、持续举行教练活动应该成为一个公司学习文化中的组成部分（见理论 59~60）。

期待提升自己：无论是教练对象还是教练，都可以从良好的教练体验中受益。

帕斯洛和瑞大力主张：构成良好教练活动的基本理念应当是帮助人们学会管理自己的学习。他们认为，尽管教练活动早已有

之，但教练活动面临的新挑战在于：它能在多大程度上满足人们不断增长的以新方式进行学习的需求。

学以致用

在 20 世纪 70 年代中期，当我离开全日制教育并加入就业部时，我首次接触了"和耐莉坐在一起"的概念。我实际上从未见过耐莉，但是有很多热心的比尔、汤姆和玛丽总是乐于告诉我该如何申领失业救济金以及在哪里去完成这样的申领流程。当时我可能没有意识到这一点，但他们这样做其实相当于在对我进行在职培训。尽管我很感激他们抽出时间来教我如何办事，不过我现在意识到他们教给我的只是他们自己独特的办事方式。

下面的这些提示可以让你的教练方法简单而有效：

■ 不要让角色过于复杂，也不要树立不切实际或毫无必要的障碍和期望。

■ 请注意，大多数教练计划之所以失败，是因为忙碌的教练没有足够的时间与客户见面，这样的情况反之亦然。

■ 如果时间宝贵，就不能随意浪费。分配足够的时间来处理这个问题。定期进行简短的会面，比偶尔会面并在这个问题上花费太多时间的效果更好。

■ 设计一个流程，其中涉及：在教练活动开展前进行准备活动、培养教练对象的参与热情并制定一个得到教练双方认可的后续行动计划。这将确保教练活动有重点、有条理、能够充分利用时间。

■ 养成"问而不说"的习惯。优秀的教练活动不是"手把手指导"，而更多的是让教练对象形成"依靠自己"的独立意识。

一个有用的习惯是让 80% 的教练对象在教练课程中提问，另外 20% 的教练对象负责回答。

■ 不断提醒教练对象，教练活动都是为了学习，并指出这样做将在现实生活中产生的好处。这是争取教练对象对教练活动全身心投入的一个好办法。

■ 认识到教练活动不是一个单向过程。教练对象、教练和他们的组织都应该从有效的教练活动中获益。培训教练对象时，不要害怕表达自己的兴趣。

问题反思

■ 我是否确保自己总是向教练对象指出了教练活动会给现实生活带来的好处？

■ 我是否确保自己问的问题至少是自己给出的答案的四倍？

■ 我是否确保自己也能从教练活动中获益？

理论52 珍妮·罗杰斯：教练六原则

当你想找一套基本原则来帮你在各个层次上对一个组织进行指导时，可以使用这个理论。

罗杰斯（Rogers）声称教练活动是一种平等的伙伴关系，其目标是通过针对性训练来实现可持续的更高效率。她认为教练活动可以提高人们的自我意识并帮他们确定选择。她提出了"教练六原则"模型作为实现这一目标的过程。

这六项原则可以概括为：

客户拥有资源：该原则基于这样的信念，即只有教练对象才知道他们困境的全部情况，并且只有他们才能真正实施行动。正因为如此，他们有能力解决自己的问题。

教练的任务是帮助客户发展他们的资源：
作为教练，不是给出建议，因为这表明教练知道哪些因素对教练对象最有效，而这可能会导致他们对教练产生依赖。

教练考虑的是整体意义上的教练对象：这是要考虑教练对象的过去、现在和未来的生活情况，包括他们的工作和个人状况。

客户设定教练日程：当教练对象可以自己设定教练日程时，他们会有一种被包容和被赋权的感觉，因而更可能为规划、解决问题以及决策做出贡献。

教练和客户是平等的：双方在基于完全尊重和信任的关系中平等合作。

教练活动离不开改变和行动：就本质而言，人们之所以参加教练活动是因为他们想要获得一些改变，并且通常希望以此提高自己的工作效率。

罗杰斯模型的哲学基础是：教练活动的核心目的是提高客户的自我意识、让他们明确自己面临哪些选择、缩小他们目前的现实状态和他们能够达到的期望状态之间的差距。

学以致用

尽管罗杰斯倡导的大部分教练内容与组织有关，但她的教练原则也同样适用于训练个人。以下是你在应用六项原则时可以参考的一些步骤：

■ 确保教练对象拥有足够丰富的信息和资源来实现他们的期望结果。如果情况并非如此，想想你能采取什么措施来帮助他们得到这些信息和资源，但不要一手包办。请记住，你可以提供有用的信息，但是否使用这些信息，始终必须是他们自己的选择。

■ 永远不要给出建议。给出建议，就意味着你比他们更清楚，从而让他们显得不那么重要，这反过来可能导致他们对你产生依赖。当然，他们既然花钱聘请你当教练，显然是想向你咨询。但是即使这样做，你也要问一些有挑战性的问题，让他们自己得出下一步该做什么的结论。

■ 虽然你不是他们的治疗师，但他们可能面临某些棘手问题必须进行处理，其中既涉及个人情况又和专业知识有关，这就要求你不能只考虑眼前的情况。你可能对此感到不舒服，并且想知道它们是否超越了你的职责范围。虽然你不能回避这些问题，但如果有必要的话，应当有意识地引导他们向其他可能在处理这个问题上更权威的专业人士求助。

■ 教练日程要公开。制定教练日程是客户的职责，对此你的任务是做出回应。如果你觉得他们安排的教练日程给你作为教练的工作带来了困难，就请告诉他们你自己的感受，并和他们讨论可以怎样重新安排。

■ 在平等的基础上与你的教练对象进行合作。你可能正在指导一名初级员工或一名高级管理人员。作为教练，你得到的报酬可能是你的教练对象的一倍或一半。但在进行教练活动的时候，这些都不是你考虑的因素。你和客户之间的关系应该建立在信任和尊重的基础之上，而信任和尊重也应当是构成所有同事关系的基础。

■ 理解你的教练对象所怀有的想法，他们希望在自己工作的某些方面有所改进。你的任务是通过提高教练对象的自我意识来帮助他们，让他们知道自己有哪些选择，以及需要采取什么措施来缩小他们的目前状态和期望目标之间的差距。

问题反思

■ 我是否在这段关系中建立了高度的尊重和信任？

■ 我们是否在教练活动中能够彼此平等对待？

■ 我是否已经让教练对象自己设定教练日程？

理论 53　弗吉尼亚·萨提亚：锚定和自我训练

当你想帮助别人或你自己控制思想和感情时，就可以使用这个理论。

虽然，我把这条理论归功于萨提亚（Satir），但首先是阿莫斯·特沃斯基和丹尼尔·卡内曼两人通过他们的作品才把锚定（anchoring）概念引入了公共领域。

萨提亚将"锚定"描述为一种过程。在这种过程当中，视觉、听觉或触觉的刺激可以触发所需的反应。她解释说锚定可以是有意识的或潜意识的、也可以是积极的或消极的，并且它既可以自然发生，还可能是构建出来的。锚定过程可以描述为：

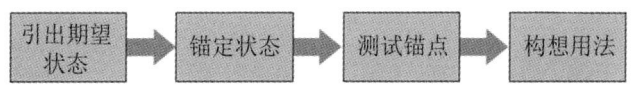

该过程中的每个要素可以总结如下：
引出期望状态：准确地观想在期望状态下你想要成为什么或做什么。
锚定状态：选择一种刺激（视觉、听觉或触觉或它们的任意组合）。这样，当你处于期望状态时，你可以将它与你的感觉联系起来。
测试锚点：脱离锚定状态，思考或做一些与期望状态完全无关的事情。接下来再回到锚定状态。
构想用法：想象一种你希望体验期望状态的情况。使用锚点来检查它是否足以应付这种情况。

萨提亚指出，你也可以使用这种技术来消除以前导致消极情绪和/或不良行为的状态。

学以致用

下面是一些提示，可以用来帮助你自己或教练对象形成有意义的锚点：

■ 找一个合适的地方，既没有干扰又安静。

■ 选择某种东西（触摸、感觉、视觉、嗅觉等）或者把你打算当作锚点的东西组合起来（我发现把拇指和食指压在一起对我来说效果很好，并且这种举动在公司里也不会那么显眼）。

■ 想一些能产生温暖或积极情绪的事情。重温那些想法，并体会你在其中的感受。就像转动电视机上控制音量和颜色的旋钮一样，在这种观想状态中你开始调高自己的感觉强度。就在你开始达到强度峰值的时候，激活你的锚点。

■ 回到你的当前状态。看看锚点是否把你带进了自己的期望状态。如果真是这样，那你已经成功地构建出了一个锚点。如果没有，那么再尝试四到五次，每次都增加你的感觉强度。如果仍然不起作用，尝试换一个不同的锚点并重复这个过程。

你可能很幸运，一下子就找到了自己的锚点，或者你可能不得不多次重复这个过程，直到你最终找到正确的锚点。如果你的感官体验越敏锐，你需要的重复就越少。我向你保证，这种技巧值得坚持使用。你会惊讶地发现它居然可以在这么多地方派上用场：例如，它可以让你在做重要演讲时建立自信、在牙医面前保持镇定，并且，即使有人拿着一袋世界上最大的爆米花坐在你身后看电影时，也不会让你发脾气。

问题反思

■ 我能找到适合自己的锚点吗？

■ 我能找到一个适合教练对象的锚点吗？

理论 54　约翰·斯威勒：认知负荷理论

当你不想让教练对象承受太多信息时，可以使用这个理论。

斯威勒（Sweller）将认知负荷描述为工作记忆在任何时候可以容纳的信息量。他声称，由于工作记忆能力有限，教练应该避免让客户承担过多无助于完成手头任务的额外活动。联系教练活动，认知负荷理论可以总结为四大关键要素。

> **这四大关键要素可以概括为：**
>
> 衡量专业知识：这是指教练评估教练对象所掌握的技能和知识水平，并据此调整他们的教练方案。
>
> 减少问题空间：问题空间被定义为当前状态和期望目标之间的差距。如果问题空间过大，可能会导致工作记忆过载。
>
> 减少注意力分散效应：当教练对象的注意力分散在以相同格式（听觉或视觉）传递的大量信息来源中时，就会发生注意力分散的现象。
>
> 利用工作记忆中的听觉和视觉通道：传递听觉信息和视觉信息有专用的工作记忆空间。教练把听觉指令和视觉指令结合起来，可以减轻每个空间的认知负荷。

斯威勒认为，在开始主要的教练活动之前，如果设置包含更多基本或先决技能/知识的教练预备课，能帮助客户建立扩展工作记忆的模式，并提高他们遵循更复杂教练指令的能力。

学以致用

使用认知负荷理论将有助于你设计教练课程，通过减少对教练对象工作记忆的要求来帮助他们进行更有效的学习。为了降低认知负荷，请记住以下几点：

■ 调整教练方式，让其符合教练对象的知识或专业水平。你可以通过书面测试或进行培训需求分析等正式方法来实现这一点。当然你也可以直接问他们。一旦你清楚了教练对象所处的水平，确保你设定的教练目标与此保持一致（见理论11~13）。

■ 如果他们所处的水平和他们的期望目标之间差距太大，你应该把教练方案分解为他们能够适应的多个步骤。如果你这样做了，请确保在进入下一步骤之前，让教练对象有机会巩固他们已经学到的东西。

■ 不要同时给他们灌输太多的视觉或听觉信息。你可能听到过"被幻灯片折腾至死"这句话，这种情形发生在教练过度使用视觉教具时，由于教练对象的注意力被其他不太重要的图像所吸引，所以他们会无法吸收重要信息。同样，如果存在外来噪声，比如其他人在后台说话或播放音乐，你应该避免谈论重要的话题。

■ 但是，你可以混合听觉和视觉辅助工具，因为它们有各自独立的记忆空间。在介绍图表时让教练对象同时观看图表不会造成认知过载。

记住，你提供给教练对象的信息会一直留在他们的工作记忆中，这些信息只有被充分处理后才能进入他们的长期记忆库。阅读理论23~25，可以更好地理解大脑是如何处理和保存信息的。

问题反思

■ 我准备的材料会造成认知过载吗？

■ 我如何确保自己准备的辅助工具会对教练对象的培训活动起帮助作用而非阻碍作用？

理论 55　约翰·惠特默：GROW 模型

> 当你想帮助人们做出更好的决定并解决与他们职业相关的问题时，就可以使用这个模型。

惠特默（Whitmore）认为 GROW 模型是一种简单但强大的组织教练活动的方式。他将其类比为策划组织一次旅行，其中你要决定自己去哪里（目标），确定你现在所处的位置（现实），探索不同的路线（选择），并想尽办法到达目的地（成功的意志）。该模型可以描述为：

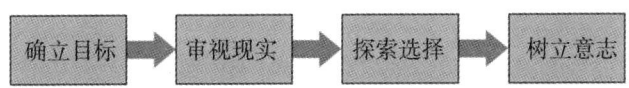

该模型的组成因素可以概括为：
确立目标：观察教练对象想要改变的行为，并将其表达为他们想要实现的目标。
审视现实：在教练对象试图解决问题之前，鼓励他们考虑自己目前所在的位置。
探索选择：在研究完现实情况之后，把教练对象的注意力转向确定什么是可行的办法。
树立意志：既然选择已经明确，那就让教练对象致力于采取具体行动，以便朝着他们的目标前进。

惠特默强调，重要的是教练不要认为自己是解决教练对象所面临困境的专家，也不要试图直接帮他们解决问题。他将教练的最终角色描述为：（教练是）帮助人们做出最佳选择的促进者。

学以致用

在所有模型中，GROW 模型可能使用得最为广泛。它相对简单，在应用中将其类比于有机增长不失为一种好方法。根据这种模型，优秀教练活动的本质就是提出好问题。下面是一些有用的提示和问题，可以帮助你在每个阶段向自己的客户提问：

■ 确认他们的目标是具体的，可以衡量和实现，是切合实际并带有完成期限的。问他们："这和你的职业目标有什么关系？你什么时候会知道自己已经实现了目标？你对自己实现该目标怀有多大信心？要实现这个目标，切合实际的时间期限怎么安排？"

■ 在教练对象开始想出解决方案之前，让他们考虑他们目前所处的状态。问他们："你现在的情况如何？你对目前的状况有什么感想？到目前为止，你采取了哪些措施来解决这个问题？这个问题对你面临的其他问题有什么影响？"

■ 避免提出备选方案。记住，它们可能只是你如何应对这种情况的选择。然而，你应该让客户自己考虑每种选择的可行性，可以问他们："如果采用这种选择，可能会产生什么影响？如果出了问题，你将如何补救？在权衡选择时，你需要考虑哪些因素？"

■ 讨论了这些选项之后，你现在需要让客户采取具体行动方案，可以问他们："接下来你会做什么？你什么时候做这件事？你怎么知道事情已经做完了？"

请注意，你提出的所有问题都应当是开放性的问题。尽量避免问只需要回答"是"或"否"的封闭式问题。确保当教练对象回答你的问题时，你会不带偏见地专心倾听。在这方面，你的肢体语言可能比你实际说的话更加重要。

问题反思

■ 在开始任何教练活动之前，我是否绝对相信教练对象已经了解了他们自己的现状？

■ 我想办法让他们采取行动了吗？

第二部分总结

在第二部分中，我已经为管理者、教练、导师和教员准备了一个"工具箱"，供他们在与别人合作时使用。具体使用哪种工具将取决于与你一起工作的学员、问题以及环境。

我选择按字母顺序来展示这些工具，而不是使用其他某种分类方式，因为这些工具可以在任何教练场合使用，所以我不想引导你使用任何特定的教练模型。即使你已经听说过某个特定的模型，并且想了解更多相关知识，也会发觉这些工具对你很有帮助。

本书这部分的要点是：

■ 重要的是要了解人们的行为、能力、信念以及价值观如何影响他们对教练活动的反应。

■ 人们会过滤掉可能与他们无关的信息。

■ 良好的工作关系对全身心投入绩效改进至关重要。

■ 鼓励人们将挑战视为机遇而非威胁。

■ 鼓励人们发展积极的自我对话。

■ 不要害怕挑战别人，只要这样做符合他们的最佳利益。

■ 告诉人们在某件事情上遭遇失败并不意味着他们就是一个失败者。

■ 你和你的教练对象可能对现实的感觉不一样。

■ 你永远无法真正了解别人的感受，因为你无法真正进入他们的脑海。

■ 支持人们对自己的问题提出解决方案。

■ 不要给教练对象灌输过多的信息。

■ 你只要想得到，就能做得到。

第三部分

指导组织提高绩效

引言

本书这部分的重点是把你当成一个组织的教练，要么以该组织管理人的身份，要么以该组织商业教练或顾问的身份来处理某个特定问题。我在此讨论了组织行为的诸多方面，从而反映出组织内部出现的问题会对员工的表现产生影响作用。我在每个类别中只选择了三个理论，但它们能给我们提供一个有趣的视角来看待教练问题，此外更重要的是，它们能够指导你如何以教练的身份去帮助员工获得更好的表现。

在研究组织管理的具体问题之前，我想先介绍一些与领导力概念和学习型组织相关的理论，因为这些理论可以让你了解组织如何回应你的教练指导。用学习这样的人文功能来描述组织发展似乎显得有些奇怪。然而，学习是关于行为改变的，并且它像有机体一样，确实具有成长和发展的特征。如果我们接受这样的观点，认可组织是由在那里工作的人们组成而不仅仅体现为一个实体，那么我们就开始看到学习组织这个术语存在的合理性。

接下来的章节涵盖了一些理论，这些理论将帮助你更好地了解：

■ 领导力：为什么领导者对组织很重要。

■ 竞争：为什么组织需要学习才能比竞争对手表现得更好。

■ 文化：为什么组织会发展成现在的样子。

■ 规划：为什么组织会具有目前的功能。

■ 质量：为什么组织需要做得更好。

■ 转变：为什么组织需要应对变化。

■ 团队合作：为什么组织中的员工需要一起工作。

更重要的是，它将使你具备知识和技能，能够在组织中更有效地发挥自己身为教练的作用。

第一节

培训组织领导者

简介

近年来，人们对领导力和管理的看法发生了改变。多年以来，大多数人都把领导力视作成为管理者的一种必备素质。但本尼斯（Bennis）和纳努斯（Nanus）引入了一种不同的模型，可以将其概括为："管理者正确地做事，而领导者做正确的事。"关于这两种职能，我想从以下角度来加以区分：

- 领导者设定新的前进方向并启动愿景；
- 管理者专注于运营和解释愿景。

在这里，我要强调的是：有些管理方面涉及领导（约 20%），而有些领导方面也涉及管理（约 20%）。显然，这样的比例将根据各自的角色期望以及组织规模不同而有所不同。

本书这部分针对的读者对象是那些具有特定领导职能的管理者，因为他们必须分析形势的要求，选择对这些要求做出最合适的回应，并安排合适的员工来完成这样的回应。对于一些初级或中级管理者来说，这似乎是一个很高的要求。市面上有太多的书籍和课程可以给领导者提供关于领导力的理论阐述，但很少有书籍和课程可以教会管理者如何为自己组织的未来创造愿景，如何承担经过仔细计算的风险并推出新产品或服务，或者如何行使权力并对权力操纵自如。当经理不得不做出艰难决定时，就会发觉参加教练活动非常管用，并且这也可以帮助他们发展一些基本技能，比如做出正确的判断以及有效地进行沟通。

本节中选择的三个条目反映了关于领导力的最有影响力的一些理论。我想在这些条目中介绍一种新的领导思维方式，并通过一种探索之旅来反映领导力的发展过程。

理论 56　约翰·阿戴尔：以行动为中心的领导

当你想向领导者展示如何平衡任务、团队和个人之间的需求时，可以使用这个理论。

阿戴尔（Adair）认为，领导者必须不断平衡任务、团队和个人之间的需求。他推出的领导模型以行动为中心，由三个代表不同领导职责的圆圈彼此重叠组成。这三种领导职责可以描述为：

■ 任务：这包括设定目标、进行规划、分配工作和资源、设定期限、进行监控以及控制进度。

■ 团队：这包括采取措施确保工作的整合、鼓励团队内部的合作、解决冲突以及培养团队精神。

■ 个人：这包括满足团队成员的任何培训、教练、指导或咨询需求。

阿戴尔把这一模型作为领导者角色的核心，并概述了由领导者负责的八项关键职能。

这些关键职能可以概括为：
定义任务：设定清晰、具体、可衡量以及可实现的目标。
计划：寻找完成任务的方法，并在出现问题时制定应急计划。
向团队做简报：在团队中创造积极的工作前景，让大家意识到任务具有可行性。
控制活动：从最少的资源中获得最大的回报。
监控：评估结果并寻求绩效改进。
激励个人：利用外在激励因素（如奖励和鼓励措施），以及内在激励因素（如骄傲和自尊），来充分发挥员工个人的潜能。

续表

这些关键职能可以概括为：
组织人员：确保对员工有良好的时间管理，并且员工的个人发展需求得到满足。
角色示范：以身作则，为每个员工树立一个好榜样。

　　阿戴尔声称，他的模型挑战了传统的领导力模型，因为这个模型表明优秀的领导力不是领导者的天生素质，而是可以通过后天训练而逐渐形成。

学以致用

　　下面这些技巧可以帮助你让领导者从任务、团队和个人的角度来思考他们的责任：

　　■ 让领导者思考他们参与了哪些面向任务、寻求目标的活动。让他们分析完成任务的效率，以及影响结果的因素。如果任务没有成功完成，但团队和个人的表现堪称典范，那么可能当初在定义目标或规划如何实现目标方面就出了问题。让他们检查目标是否清晰、具体、可以衡量且符合实际。如果任务出了问题，问他们是否备有应急计划（见理论 65~67）。

　　■ 让领导者思考他们开展了哪些和团队相关的活动。让他们专注于已经采取的步骤，以整合、协调活动，并创造良好的团队精神。如果他们已经这样做了，但是团队仍然表现不佳，那么可能是团队中的人员组合不对（见理论 74），或者是选择的员工还没有作为一个团队发展起来（见理论 75）。

　　■ 让领导者思考他们为团队中员工的个人发展做了什么贡献。让领导者描述他们举办了哪些培训、教练或指导活动，以及他们组织这些活动的目的和结果。让领导者回顾他们是如何激励员工充分发挥最大潜能的（见理论 5~7），同时考虑他们作为榜样产生了什么影响（见理论 22）。

■ 提醒领导者注意到任务、团队或个人的需求之间可能存在冲突。如果真的发生这种情况，领导者将根据对组织最有利的原则来确定满足这些需求的优先等级。如果在这样做时，领导者发现他们忽略了一项或多项其他职责，那么建议他们必须在一段时间之内采取补救措施。

问题反思

■ 我是否说服领导者在三个领域中都要采取一种均衡做法？

理论 57　伯纳德·巴斯：变革型领导

当你想让领导者明白良好价值观以及信念对他们角色的重要性时，可以使用这个理论。

巴斯（Bass）将变革型领导与他描述的另外两种领导风格放在一起：

■ 交易型：领导者根据员工的表现水平，通过积极或消极的强化措施来对他们施加影响。

■ 放任型：领导者放弃领导下属的责任。

巴斯声称，变革型领导通过在领导者和员工之间建立情感纽带，激发大家对共同愿景的热情，从而让员工的行为发生改变，取得超出预期的优良表现。他认为变革型领导者的特征在于他们拥有激励员工追随自己的能力。

变革型领导者通过以下方式激励员工：
理想化的影响：按照人们心目中榜样的方式行事。
鼓舞人心的动机：能够提供意义、乐观和热情。
智力激励：鼓励员工质疑过时、无效的陈规陋习，并开发新的、有创意的解决方案。
个性化考虑：为员工创造新的发展机会。

巴斯认为，变革型领导者强调价值观和诚信，并能够认识到员工的需求、抱负和潜在贡献。他声称，这反过来将让员工发挥他们的最大潜能，并带来卓越且持续的组织表现。

学以致用

通过培训让某人具备巴斯模型中所描述的品质并不容易，并且实话实说，这些话题相当复杂。我遇到过不同类型的领导者，有些魅力四射、有些令人生畏、有些备受爱戴、还有有些阴沉恐怖。所有领导者似乎都能胜任自己的工作，但他们每个人对手下员工都产生了不同的影响。变革型领导不是依靠操纵或剥削，而是建立在信任和诚实的基础之上。如果你不能在这方面说服领导者，你最好还是从头开始。如果领导者认识到你的指导将有助于他们发展领导能力，那以下这些技巧可以帮助你与他们展开合作：

■ 让领导者意识到，不管他们有多大的人格魅力，他们的行为都必须基于健全的伦理和道德价值观。让他们接受这样的事实：尊重所有员工，在交往中遵循诚信原则，将使员工无条件地信任他们，并愿意追随他们。

■ 向他们展示激励员工的最佳方式是以身作则、对自己严格要求，从而让追随者信任他们（见理论 22）。如果他们做到了这一点，那手下的员工就会努力模仿他们，至少不会做出让他们失望的事情来。

■ 能够激励员工，需要领导者具有一定程度的创造力。不是所有的领导者都有创造力。这不是对他们的批评，只是反映生活中的一个事实而已。但要告诉他们：领导者即使本身缺乏创造力，只要能利用好追随者的创造才能，也同样能成为一名优秀的领导者（见理论 50）。

■ 让他们倾听并理解追随者的需求（见理论 17）。优秀的领导者会成为自己员工的教练和导师，所以你自己也要成为一个好榜样，并向他们展示如何成为追随者的好教练。

如果你接受巴斯的说法，即变革型领导通过在领导者和追随者之间建立情感纽带，激发大家对共同愿景的热情，从而让追随者的行为发生改变，取得超出预期的优良表现，那么就请先把这一原则应用到你作为领导者教练的这个角色上吧。

问题反思

▣ 他们在多大程度上认为有必要改变自己的领导风格？

▣ 作为他们的教练，我自己总是一个好榜样吗？

理论 58 理查德·博亚兹斯：自主导向学习

当你想认识到客户拥有必须学习的自由时，就可以用这个理论。

博亚兹斯（Boyatzis）认为，领导者经常经历个人成长和组织期望之间的矛盾冲突。他的自主学习理论承认：领导者拥有决定自己是谁以及自己希望取得什么成就的自由。该理论基于五个不连续点，其中领导者会于某个瞬间爆发意识，从而激发变革的需求。

这五个不连续点可以概括为：

想象理想的自我：它是该过程中的潜在起点，领导者在这里发现他们真正想成就的人格。这方面的信息可以从他们对理想人格形象的想象、他们的梦想以及抱负中透露出来。

认识现在的自己：这是别人看到的领导者，也是他们与之互动的领导者。在这种状态下，领导者通常会唤起自我防卫机制，让自己不会自动接受别人眼中的自我形象。

决定什么需要改变：这里的目标是创建一个学习日程，它不仅能满足现有的需求，还能应对未来的变化。

尝试以不同的方式做事：这个点出现在旧习惯受到挑战、新习惯开始出现的过程中。

发展富有成效的关系：领导者需要与他们信任的人发展关系，以便争取他们在变革过程中帮助自己。为了达到效果，他们需要依靠这种关系给他们带来一种认同感，并引导他们形成良好、恰当的行为。

博亚兹斯认为，一个领导者的未来并不完全处于他们自己的控制之下，但未来的大部分情况都处在他们自己的创造能力之内。

学以致用

博亚兹斯将这一过程描述为"顿悟"，即一场充满转折点的自我发现之程，并指出这不是教练——而是教练对象的——个人旅程。以下是一些帮助你完成该过程的提示：

■ 在第一个不连续点，通过提问鼓励领导者探索并形成他们的理想自我。让他们挑战组织对他们的期望和要求。不要低估你在这阶段任务的重要性。如果跳过这个阶段，自主学习的整个过程就会崩溃。

■ 对一些可能被他们的自我价值感和自我形象所迷惑的领导者来说，可能很难接受他们在别人眼中的形象。你在第二个不连续点的任务是把他们带到现实中来，但不能操之过急，得慢慢完成这个过程。最简单的操作就是，你可以从自己的角度以及从其他人的角度给领导者提供反馈意见。不要低估这样做会遇到的实际困难，比如领导者害怕曝光或者可能感觉这样会受批评，或者其他人可能会产生自己被卷入风口浪尖的感觉。

■ 在第三个不连续点，认识到领导者只会学到他们想学的东西。领导者甚至可能认为自己还没有达到领导地位，因为他们无法辨别对他们自己和组织来说什么是对的，什么是错的。你在这里的任务是帮助领导者在学习日程中带来一种现实感，让他们检查其学习日程中关键因素的动机，并特别留意那些将导致期望结果的因素。

■ 第四个不连续点是博亚兹斯所描述的"变形"。你在这里的任务是创造条件，让领导者能够挑战现有的习惯，并在相对安全的情况下尝试新的习惯。理解领导者喜欢的学习风格（见理论2~4）并创造一种心理安全感（见理论17）将创造一种氛围，在这种氛围中，领导者将从失败的羞耻和尴尬中解脱出来。

■ 第五个不连续点位于整个过程的中心。大多数人会认为自己在生活中经历的关键变革时刻就是获得了某个人对自己的支持。因此，与领导者建立一种基于信任的支持关系对整个过程至关重要。

问题反思

■ 我是否得到了教练对象的绝对信任和尊重，因此他们愿意向我描述他们想要成为的领导者类型以及他们未来想要的生活和工作？

第二节

优于你的竞争对手

简介

自 20 世纪 80 年代初以来，学习型组织这个术语已经成为组织研究和实践中所出现的各种想法的总称。在我看来，这是质量管理原则（见理论 68～70）的一种自然演变，该原则曾在 20 世纪70 年代很流行，但最近则强调价值观和信仰（见理论 62～64）。成为一个学习型组织是在战胜竞争对手的过程中所迈出的关键一步。

然而，我们对学习型组织的构成内容只流于一些猜测，主要是因为很难在现实生活中找到关于学习型组织的真实例子。这很可能是因为这样的愿景太理想化，或者是因为它不符合组织的要求或文化。

然而，对于一个组织成为学习型组织的演变过程，人们似乎的确存在某些共识。我尽量阐明我在这里要表达的意思。先从"学习"这个概念开始。学习是个人希望通过获得新技能、新知识或新见解来改变行为的结果。组织学习是代表组织的所有成员共同关心的学习问题。这里的期望是：个人作为组织的学习代理，应当通过确定需要做什么来让组织发生转变，从而可以有效响应所有利益相关者的需求。

在本书这部分的写作当中，我借鉴了一些我认为是关于组织学习的原创性成果。我试图在那些看起来相当复杂的理论模型（如三环学习和系统思维）中寻找平衡，并对这些不同理论以及其中涉及的一些实际应用步骤进行了基本梳理。

如果这里有任何一个条目让你感兴趣，并且你也有时间，那么可以查看本书末尾提供的推荐书目，并根据线索找到自己想要进一步阅读的书籍。我保证其中任何一本书都不会让你失望。比如，佩德罗、伯戈因和博伊德尔合写的著作就给我留下了深刻的印象，所以我曾做好安排，亲自去拜访汤姆·博伊德尔。他果然没有让我失望。他以非常谦虚的方式谈论了一个非洲国家的总统如何找到他，并请教如何把那个非洲国家变成一个学习型国家。我想你手头的工作不会像非洲总统那样重要，但是，相信我，这个理论对你的组织成员的重要性丝毫不亚于它对非洲人民的重要性。

理论 **59**　迈克·佩德罗、约翰·伯戈因和汤姆·博伊德尔：学习型公司

当你想鼓励组织有一个实施和评估转型计划的过程时，可以使用这个理论。

当佩德罗（Pedlar）、伯戈因（Burgoyne）和博伊德尔（Boydell）出版他们有影响力的著作《学习型公司》（*The Learning Company*）时，他们催生了一代希望被承认为学习型组织的公共机构和私营机构。学习型公司的基本原则是建立在这样一个信念之上的，即这样一个组织需要不断地改变以满足其客户和顾客的需求。

要解决的五个关键领域是：

战略：在这里，组织政策和形成策略，以及实施和评估都应该被有意识地整理为一个学习过程，并让组织的所有成员参与其中。

公司内部学习：包括推广这样一条观念，即所有部门都将自己视为彼此的客户和供应商。在这方面，他们可以进行建设性对话、谈判，并相互提供优质服务。

组织结构：这里的目标是在组织内创建结构，不仅要满足现有需求，还能应对未来的变化。

公司间学习：这包括密切关注竞争对手和其他组织在做什么，并学习如何调整和采用他们的流程来适应组织的发展。

学习氛围：这是关于鼓励人们与他人分享自己的知识和经验，并不断寻找自己的专业和个人发展机会。

当三位作者在 1997 年出版这本书的第二版时，他们承认先前的一个基本原则存在本质缺陷，并且，需要持续改变的想法是

造成一个组织内部出现混乱和灾难的潜在因素。他们建议将定义中的"持续"一词改为"有意识地"：这意味着，为了提高效率，组织需要知道所处的位置，并愿意或渴望发生改变。他们还建议，变革应该采取渐进的形式，中间要留出时间来巩固效果，即它应当体现为一系列步骤，而不是一条连续的曲线。

学以致用

这个理论将帮助你支持组织制定一个转型计划，并辅以一个实施、评估和改进的过程。这不是一个头脑发热的方法，而是允许他们在前进过程中不断完善、增添和修改。以下是要遵循的一些步骤：

■ 建议组织从组建战略小组开始，并让他们定义组织的愿景。用隐喻来描述愿景是一种好方法。用同样的方法来描述它们现在的位置，然后比较两幅图像，讨论它们如何从现在的图像转变为愿景图像。通过观察组织内部的优势和劣势，让他们走出隐喻，进入现实世界。特别关注内部关系、系统和结构。问他们，"这些对你实现愿景会起帮助作用还是阻碍作用？"

■ 让他们看看竞争对手在做什么。为他们可能做得很好的产品和服务建立基准，但他们应该努力模仿或超越这些基准。然后让他们看看其他组织——而不仅仅是与他们有相似流程的竞争对手（如接待、财务和人力资源管理）——在做什么，并为他们可能正在做的流程建立基准，让他们尝试模仿或超越这些基准。

■ 通过将个人树立为榜样，并向组织的所有成员提供自我发展的资源和设施，从而鼓励他们在组织内营造学习氛围。

■ 最后，建议组织找到一种方法，用简单的陈述或所谓的"使命宣言"来表达他们的愿景。一些简单的表达，比如"够好还不够，我们要努力做得更好"就可以达到效果了。

如果你不喜欢在练习中使用隐喻，那就跳过这一部分，专注于现实世界。

问题反思

■ 我是否让组织明确定义了它的愿景？

■ 我是否鼓励他们在组织内营造学习氛围？

■ 我能采取什么措施，来帮助他们处处以竞争对手的行为作为比较基点？

理论 60 克里斯·阿格里斯和唐纳德·舍恩：三环学习

当你想帮助组织学习如何保持领先于竞争对手的优势时，可以使用这个理论。

阿格里斯（Argyris）和舍恩（Schon）声称，组织学习可以用由单环、双环和三环学习组成的三级进化模型来表示。这可以表示为：

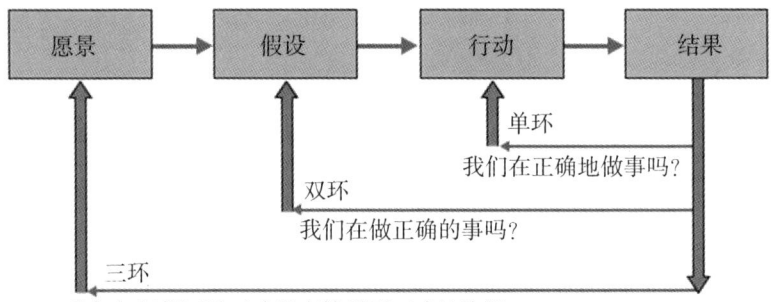

资料来源：Argyris, C. and Schon, D. (1974) *Theory in Practice: Increasing Professional Effectiveness*. San Francisco: Jossey-Bass.

单环、双环和三环学习的特点是：

单环学习是组织进行质量控制的基本水平，并与错误检测和纠正相关联。它的问题是："我们在正确地做事吗？"

双环学习更适合质量保证，并注重预防组织在整个过程中——而不仅仅是在交付时——出现错误。它的问题是："我们在做正确的事吗？"

续表

单环、双环和三环学习的特点是：
三环学习代表了组织自我检查的最高形式，包括不断质疑服务以及明确组织在市场中的位置。它的问题是："我们如何保证让正确的事情得到正确地执行？"

阿格里斯和舍恩认为，三环学习过程包含了更高程度的创造性输入，由此产生的组织学习是一个互动和迭代过程。

学以致用

尽管决定一个组织是否优秀的不仅仅是其产品或服务的质量，但实话实说，这些是他们工作的核心内容，如果他们连这方面的事情也做不好，大可以让他们打包走人。以前的重点往往落在质量监控上，体现为"抽查-检验-整改-惩罚"这样一套流程：让我们看看我们在做什么，让我们检测错误，让我们纠正错误，让我们找出谁应该承担责任。如果一个组织还在做这样的事情，说明他们已经陷入单环学习模式中了。那么，你如何帮助他们走出单环呢？作为教练，你可以给他们提出下面的建议：

■ 不要一味采取责备文化。好的！但这样一来人们就会犯错。双环学习的本质是从这些错误中吸取教训。但如果同样的人继续犯同样的错误，你就不得不对他们采取点措施了。

■ 如此一来，效果甚佳。通过积极应用双环学习，你已经让产品和服务的质量得到了保证。让我们先坐下来，等待人们大唱赞歌吧。但实际上一点动静也没有。因为你的竞争对手也读过阿格里斯和舍恩的书，他们也做过同样的事情。在一所表现不佳的大学里，有人曾经问我关于另一所大学的情况，因为那所大学在英国教育标准局最近的检查中被评为"优秀"等级。"我们怎么做才能赶上他们?"他们问我。我这样回答,"我不知道他们在等着你们来赶超呢。"

■ 不要以为变化必须非常剧烈,就像布鲁斯·班纳变成绿巨人一样。其实,变化可能只是为了解决一些小问题,比如改变接待区的外观或者提高一下你与顾客电话沟通的技巧。

■ 不要坐等事情发生。如果这是你所在组织的文化,那就做点什么来加以改变吧,比如出去走走,看看哪些地方需要改进。从自己的错误中学习对你来说当然很重要,但同样重要的是发现别人做得好的地方,然后看看你能从中学到什么东西。

最重要的是告诉你的教练对象,他们不可能对所有问题都有现成的答案,因此他们必须在做出改变的过程中参考别人的做法。

问题反思

■ 我是否向他们强调了不坐以待毙的重要性?

■ 他们意识到从错误中学习的重要性了吗?

理论 61 彼得·森格：第五项训练方法

当你想帮助组织提升能力以创造更好的运营未来时，请使用这个理论。

森格（Senge）在分析不同组织如何培养学习能力以及一些组织比其他组织学得更好的原因方面很有影响。他认为我们必须遵循五个组成部分或训练方法，才能增强组织创造良好学习环境的潜力。

这些训练方法的特点是：

自我精通：这应该是内在的，源于个人对有效运作的愿景。

心智模型：这些是构成个人愿景基础的一些信念、价值观和假设。

共同愿景：这包括共同的集体目标、集体价值观和集体使命，它们是构成学习型组织的特征。

团队学习：这是基于一种信念，即团队的智慧超过团队中任何个人的智慧。

系统思维：这项训练方法是形成组织内系统的概念框架，它把其他所有方法凝聚在一起。这是一个理解系统行为以及系统之间交互的过程。

森格认为，重要的是要同时遵守五种训练方法，否则会影响学习深度。

学以致用

如果你想让教练对象认真为他们的组织创造一个更好的运营未来，那就首先问他们："你想创造什么？你对一个杰出组织的愿景是什么？"早点花时间来讨论这一点极为重要，因为这能建立共同的信念、释放人们的憧憬和愿望，以及发现人们是否持有保守意见和抵触情绪。明确这一点之后，下面是一些关于如何推进这方面工作的提示：

■ 确保它们就是影响信念、抱负以及阻碍变革的因素。因此要将这些问题全部解决。不要害怕挑战人们在这方面的信念。这样做能让每个人的心智模型变得更加清晰，同时有助于建立共同的理解。

■ 问人们："事实上，你对自己以及自己的行为给别人造成的影响了解多少？"要敢于鼓励他们挑战这种行为。使用理论8~10中描述的沟通技巧，向他们展示如何提高组织内外的互动和关系质量。

■ 鼓励组织的所有成员进行上述实践，并思考他们对自己和组织其他成员的了解程度。确保他们在组织内，能就组织的信念、价值观和使命，开展更强有力且开诚布公的讨论。

■ 好的，这可以让他们对自己的组织开始进行思考。告诉他们不要错误地认为：只有那些出席每月例会的人物才对组织有重要影响。如果他们真是这样想的，并且迄今为止一直将其奉为金科玉律，那就告诉他们即使在一个垃圾组织中也会产生伟大的个人或团队。

■ 让他们记住，组织中没有一个部门可以关在筒仓中单独运作。每个部门都相互依存。一个组织只有在每个成员都想让它变得伟大时才会真的变得伟大。

问题反思

■ 我是否让组织记住了：他们必须对自己想要创建的东西进行清晰定义？

■ 在挑战人们对组织的这些信念和假设方面，我的工作已经做得够好了吗？

■ 他们是否明白以集体而非个人的身份进行学习的重要性？

第三节

创造恰当的
工作场所文化

简介

在过去的 20 年里，组织文化的概念变得越来越重要。其中一部分原因在于人们不满某些组织只关注操作层面的结构和技术，也有部分原因在于人们对价值观和意识形态领域的重视有所转移。

但我们所说的文化到底是什么意思？我曾经请一家大型汽车制造公司的中层经理来说一说他们对文化的理解。他们给我的答案，从"价值观和信仰"到"如果你周末忘了洗杯子，那杯子里就会长满斑痕"，可谓五花八门，不一而足。我承认价值观和信仰确实对文化有影响，甚至连青霉素在杯子里生长也表明文化是一个有机的概念。

写作这部分内容可能是本书最棘手的任务。这不是因为在这方面找不到优秀的理论，恰恰相反，而是因为其中出现了太多真正伟大的理论。关于文化，在《101 条权威管理理论》中，我们编写了八个条目，但当时其实很容易增添两到三倍的内容。在这本书里，我将文化的内容只限于三个条目。在资源如此丰富的情况下，我如何做出最终的取舍？

我想让这里的文化条目涵盖一系列定义，其中要描述组织是什么（人们对它的看法）以及组织拥有什么（它的价值观和信仰）。此外，我希望从传统的实用主义方法中挑选一种理论，并从更现代的新奇方法中挑选两种理论。

理论 62 埃德加·希恩：组织文化的三个层次

当你想帮助一个组织理解它所拥有的价值观和信念时，可以使用这个理论。

希恩（Schein）认为，一个组织内部的文化由该组织自身的一套足以定义其性质的基本信念所决定。希恩认为这些信念是由三个独立的实体形成，而这三个实体结合起来就形成了一个组织的文化。其中包括：

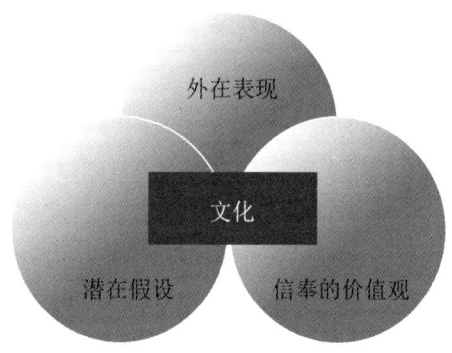

资料来源：Schein, E. H.（1992）*Organizational Culture and Leadership*. San Francisco：Jossey-Bass.

这些实体可以描述如下：

外在表现：这些是关于组织存在的仪式、神话和传说，它们向外界传达了一个信息，即哪些因素使该组织成为一个好的或坏的工作场所。

信奉的价值观：这是一套（正式和非正式）针对管理者和员工的指导方针，告诉他们什么才是可接受的行为。

潜在假设：这些是每个员工对组织的通常被视为理所当然的一些理解。

希恩的理论表明，这些实体可以有意或无意地嵌入人们的头脑当中，此外，尽管它们可能是虚构的内容，但对相关人员产生的作用同样真实有效。

学以致用

希恩对文化的研究成果可能被引用得最为频繁。因此，他有时被称为组织文化的创始人。

以下是一些帮助你应用申恩理论的提示：

■ 为了让你的教练对象了解他们组织的文化，重要的是首先了解所有利益相关者如何看待该组织。鼓励组织从仔细观察现有的一系列文化线索开始。一种好的入手方式是在组织中四处走走，看看其中的运作方式。

■ 让他们首先观察明显的东西，即表面现象。让组织问自己一些关键问题，比如："如果我是这里的员工，我对这个组织的印象会是什么？这是我想工作的地方吗？工作区域是否杂乱无章？员工的行为表现是否符合商业规范？"

■ 然后让他们深入挖掘，检查组织的价值观和基本假设。注意，为了做到这一点，他们需要与人交谈。在这个阶段，选择可能获得最佳效果的方法极为重要（见理论 8~10）。虽然面对面交谈的效果最好，但可能会显得费时耗力。此外，研讨会非常适合交谈对象人数众多的情况，但对于一些希望表达负面意见的人来说，这种场面还不够私密。

■ 一旦他们深入地理解了该组织的文化，让他们判断这与他们所持有的该组织应当干什么的基本信念是否吻合。要做到这一点，一个很好的方法是鼓励管理者使用一种叫做"走动管理"（MBWA：Management by Walking About）的过程。

■ 向组织解释，MBWA 是了解人们对组织有什么看法的一种好方法，但建议他们不要漫无目的地闲逛。告诉他们确保每一次走动都有一个目标，要倾听并按照人们告诉他们的去做。这里有一个很好的例子：

我的一个好朋友是一所大学的校长。他把自己的办公室腾出来，作为工作人员的公共休息室。他喜欢出去四处转转，有时和工作人员一起坐在公共休息室，有时和学生在食堂聚餐，有时和老师在教室讨论。由此他了解到教职员工和学生对学校的很多看法。他还告诉我，这样他不会像以前那样每天都接收到几十个电话和电子邮件，那不但浪费时间，而且让人心烦。

问题反思

■ 组织是否只在解决那些容易察觉的问题？
■ 我如何才能让他们更深入地了解人们对组织的真实想法？

理论 **63** 卡尔·斯坦霍夫和罗伯特·欧文斯：文化隐喻

如果你想帮助组织了解他们在人们心目中的印象，可以使用这个理论。

斯坦霍夫（Steinhoff）和欧文斯（Owens）创造了四个隐喻（家庭、机器、马戏团和恐怖小店），他们称之为"表型"，用来表示组织中可能存在的文化的特征。以下的文化类型，是我根据混乱、控制、集体以及个人来进行的分类：

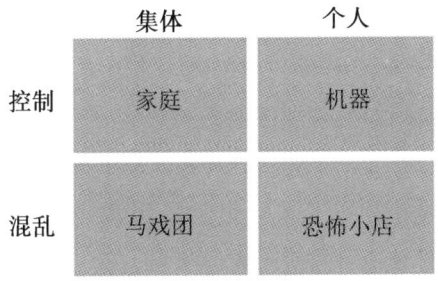

我已经对这些隐喻进行了修改，以显示极端情况在每种类别中是如何出现的。

表现极端情况的隐喻是：
家庭：组织被视为其中现存的关系。他们的团队可以像沃尔顿家庭一样亲密无间，也可以像辛普森家庭一样功能失调。
机器：组织被视为纯粹的生产线。这可能是一家运转良好的公司，生产高质量的产品，如劳斯莱斯（Rolls-Royce：一种代表"质量"的汽车）；或者是一家制造特拉班特的公司（Trabant：在一份汽车杂志中被描述为"一种空洞的谎言，用毫无价值的回收品来组装汽车"）。

续表

表现极端情况的隐喻是：
马戏团：人们从员工在艺术和智力方面的素质来看待这个组织。管理层被视为"节目主持人"（密切关注表演者）或"偷秀者"（将自己的艺术能力置于其他表演者之上）。
恐怖小店：这个组织被认为不可预测且混乱不堪。处于这种文化中的组织要么有拿破仑情结（促进统治和控制），要么有双重人格（促进不确定性和混乱）。

学以致用

难道你就不喜欢用这样的隐喻吗？不喜欢。但你不能让每个人都满意。如果这不是你喜欢的菜（对不起，另一个比喻），那么就请跳过这一节的内容。如果你真的这样做了，那就太遗憾了，因为让人们用隐喻来理解他们的处境是一个非常强大且富有成效的练习。

■ 要开始这个过程，可以借助斯坦霍夫和欧文斯介绍的表型，从而让人们对隐喻的使用有所了解。让他们用沃尔顿家庭和辛普森家庭、劳斯莱斯汽车和特拉班特汽车来和自己的组织进行类比，并且这样做应当很有启发性。

■ 给组织（如果是一家大型组织，那也可以是其中的小团体）的每个员工一些活页纸，并要求他们画一幅关于组织文化的图画。如果你看到一些令人不安的图片，也不要惊慌（在粪堆上爬行的蚂蚁、长着獠牙的花朵只是我见过的一些图片而已）。

■ 请画画者解释他们的图画代表什么意思。让他们依次解释每张图片，并试着找出其中隐藏的问题。带獠牙的花朵通常与隐藏的威胁有关。我会让你解释其他图片的含义。试着从其他成员那里了解他们对这个形象的看法以及如何采取处理措施（拔掉獠牙可能会解决花朵隐喻中的问题）。

■ 在这个阶段，不要害怕回到现实世界，并开始解决一些实际问题。也许你不能完全摆脱这种威胁，但至少你可以通过做些什么来减少威胁。

虽然我在这个条目中介绍了斯坦霍夫和欧文斯的隐喻，但是此外还有很多很精彩的隐喻。尤其是加雷斯·摩根（Gareth Morgan），他在《组织形象》（*Images of Organisations*）中提供了一些很好的组织隐喻。我怀疑自己是被他们利用《恐怖小店》以及我对以前大学校长的印象吸引过来的，因为我曾把那位校长想象成一种吸血的食肉植物。但那就扯远了……

问题反思

■ 我的教练对象是否喜欢使用隐喻？

■ 我还可以用什么方法让他们对自己组织中的文化进行思考？

理论 64　查尔斯·汉迪：文化之神

当你想向一个组织展示员工的个性如何影响它的组织文化时，可以使用这个理论。

汉迪（Handy）认为，关于希腊众神的隐喻非常有用，可以描述员工的个性如何影响一个组织在内外部的感知情况。这些个性可以根据"支持性/指导性"以及"关注他人/关注自我利益"而做如下分类：

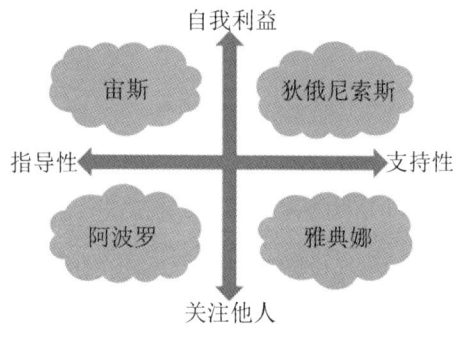

每个神祇的特征可以概括为：

宙斯（网络文化）：权力集中在一个人手中。领导者属于权力驱动型，显得强大且具有魅力。

阿波罗（角色文化）：权力是分等级的，是根据人们所扮演的角色来定义的。领导者之间等级森严，可预测、有逻辑、善于分析。

雅典娜（任务文化）：权力来自完成任务所需的专业知识。领导者聪明睿智、雄心勃勃，善于解决问题。

狄俄尼索斯（存在主义文化）：权力掌握在组织内部的成员手中。领导者自私自利、顽固不化。

哈迪认为，尽管一个组织可能有多种文化，但很可能只存在一种主导文化。

学以致用

抱歉，如果你讨厌足球，但我写这篇文章之时正赶上英格兰足球赛季即将结束，其中四支球队在争夺英超冠军。在上述每支团队中，其管理者的个性都完全不一样，当然这反过来又反映出他们各自组织的文化特征。

■ 阿森纳足球俱乐部经理阿瑟·温格是执教时间最长的英超教练，在足球俱乐部的地位几乎无人能够撼动。根据汉迪的个性分类法，他是一个像宙斯一样的领导人物，控制着一种网络文化，任何和他作对的人都会倒霉。

■ 曼城俱乐部的经理曼努埃尔·佩利格里尼上任不久，他接管了该国最昂贵的球队之一，但仍然保持着前任经理所建立的团队结构。他善于分析并把俱乐部管理得井井有条，所以汉迪可能会将他归为像阿波罗一样的领导人物。

■ 利物浦足球俱乐部的经理布兰登·罗杰斯是一个新来的小伙子，他面临的任务是把一个有着远大抱负的俱乐部和·些才华横溢但任性妄为的球员团结起来。罗杰斯有能力解决这些问题并打造出一支有夺冠潜力的球队，因此他可能属于雅典娜类型的领导人。

■ 切尔西俱乐部经理何塞·穆里尼奥被别人戏称为"天之骄子"。他手下有一群才华横溢的人，他们虽然属于一个团队，但在工作中并不总是表现得很团结。汉迪可能会把他归类为狄俄尼索斯类型的领导人物，因为他不但看重自我利益，并且难以接受别人的意见。

　　我用这个模型和足球俱乐部的例子，是想让组织意识到组织内存在不同文化，同时强调，有效的干预必须以在四种文化之间达成平衡为目标，同时保持对主导文化的忠诚性。优秀的组织要学会在组织内可能存在的不同文化之间搭建桥梁，从而创造合作性而不是竞争性的力量。

问题反思

- 我所执教的组织是否清楚：哪些文化对他们最有效？
- 他们知道领导者如何影响组织文化的吗？

第四节

更好地规划

简介

在《101 条权威管理理论》中，我们提供了 12 种战略管理模型。这些模型全都有一个共同点，就是强调组织了解客户的需求以及期望的重要性。向你的教练对象说明，如果他们参与制定自己组织的商业计划，那么要意识到商业计划分为两种类型：

■ 涵盖短期决策的运营规划；

■ 涵盖长期发展的战略规划。

在本节中，我已经介绍了三种针对运营或战略规划的模型。根据个人在组织中的角色，他们可能发现其中某种模型更适合自己，但不能因此而忽视其他模型的参考作用，因为理解短期决策的重要性必然会影响长期战略发展，反之亦然。

理论 65 格里·约翰逊和凯旺·斯科尔斯：战略规划的七个阶段

> 当你希望组织能够确定规划过程中的关键阶段时，可以使用此理论。

约翰逊（Johnson）和斯科尔斯（Scholes）提出了一个包含七个阶段的模型，他们认为这将产生一个全面的、结构化的战略计划。

每个阶段的关键内容是：

使命：对组织的未来形成了一个愿景，并有实现愿景的决心。

大目标：确定为了实现愿景而必须达到的大目标。

小目标：将大目标分解为一些具体的、可衡量、可接受、符合实际且带有时间期限的小目标。

策略：确定实现这些小目标所需采取的行动。

行动：执行策略。

控制：建立评估进度的流程。

奖励：庆祝成功。

约翰逊和斯科尔斯强调了关键利益相关者在每个阶段都必须发挥的作用，并在进一步的研究中提出了一个利益相关者映射模型，其中根据每个利益相关者的权力和利益水平而划分出不同的类型。

学以致用

> 克里斯·霍伊和布拉德利·威金斯的名字家喻户晓，许多人肯定都听说过他们。这两个人由于对自行车运动做出卓越贡

献而被封为爵士。但很少有人会知道另一位自行车骑士大卫·布雷斯福德。在过去五年里，英国自行车运动之所以取得成功，是因为背后有这样一位天纵奇才（我从不轻易使用这种说法）。布雷斯福德将这些成就归功于他在攻读工商管理硕士学位时所学到的技能和知识。我相信他在学习的某个阶段肯定读过约翰逊和斯科尔斯提出的理论，因为他在制定计划时认真谨慎、一丝不苟。

最初他制定了一个雄伟的目标：要赢得满满一壶世界锦标赛和奥运会的金牌，并完成其他英国骑手从未完成的任务：赢得环法自行车赛。他原计划在五年内实现自己的目标，但实际上他只用了三年时间就完成了心愿。他设定了具有挑战性的目标，并对其中的所有细节一直关注、毫不松懈，包括：自行车、骑手的健康水平、服装、营养和团队合作。他将这些称为"边际收益总和"。布雷斯福德对衡量这些"收益"的重视表现得非常明显；当威金斯跨过终点线成为环法自行车赛的第一位英国冠军时，他的第一反应是按下计时器上的按钮，然后才兴高采烈地挥舞双臂、以示庆贺。

你正在培训的组织能和布雷斯福德相提并论吗？他们能阐明自己对组织的愿景吗？他们能向每个人清楚而形象地描述自己的愿景吗？如果他们有清晰的愿景，那这里有一些建议可以帮助他们实现这一目标：

■ 让他们阐明清楚达到这一愿景需要实现哪些大目标。他们想提高产品或服务的质量吗？想更加环保吗？想提供更广泛的产品或服务吗？

■ 让他们将大目标分解为具体的、可衡量、可实现、符合实际且有时间期限（SMART）的小目标。确保他们已经制定了相应的流程，可以衡量这些小目标的进展情况。确保他们能够确定参与实现这些小目标的人选。让他们指定个人必须完成的任务，对他们的绩效进行监督，并解决实际绩效与计划绩效之间出现的任何差距。

　　■ 向他们强调不能坐等愿景实现的重要性，鼓励他们在途中庆祝小小的成功，并认可人们的贡献。如果愿景很轻松就实现了，可能意味着愿景的激励性或挑战性不够，并可能导致人们出现骄傲自满的情绪。相反，如果未能实现愿景，可能意味着其中涉及的挑战性太大，这可能导致人们灰心丧气。

问题反思

　　■ 我是否说服组织对他们的未来形成一个清晰的愿景？

　　■ 我是否帮助他们制定了实现这一愿景所需的 SMART 目标？

理论 66 麦肯锡集团：7S 框架模型

用这个理论向组织展示：他们如何定义和评估组织中关键要素的可行性。

7S 框架是由麦肯锡咨询集团的一个团队开发出来的模型。它描述了对发展任何组织的福祉至关重要的七个关键要素之间的关系。这些要素之间的互动关系通常表示如下：

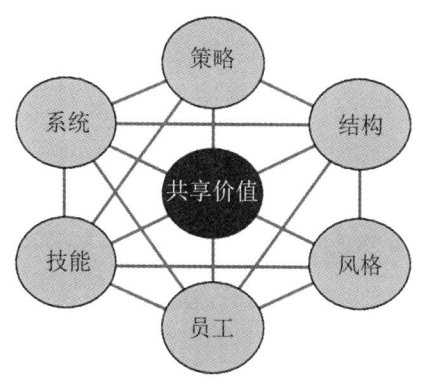

资料来源：Waterman, R. H., Peters, T. J. and Phillips, J. R.（1980）'Structure is not organization', *Business Horizons* 23（3），pp. 14-26.

每个要素的特征可以概括为：

策略：这是指有效的规划过程。

结构：这是指各部门互动的方式。

风格：这是指组织开展工作的方式。

员工：这是指组织对员工的招聘和发展方式。

技能：这是指在组织中形成恰当的技能组合。

系统：这是指组织内部使用的程序、过程和日常事务。

共享价值：这是该模型的连接核心，也是组织的代表方式。

　　麦肯锡集团认为，一个要素的变化会与其他要素产生连锁反应。

学以致用

　　该模型并不像你最初以为的那样复杂。它只是定义了组织中重要的关键领域，并强调了每个关键领域对其他六个关键领域的影响。但最难的是如何应用该模型。为了有效地应用该模型，你必须鼓励组织将每个要素分开，并提出一系列具有挑战性的问题：

　　■ 策略：问（a）他们组织的规划是短期的、被动的且没有方向感吗？或者（b）对于需要实现什么以及如何实现，他们有明确的愿景吗？

　　■ 结构：问（a）是否存在由于不知道谁做什么、部门间沟通不畅以及目标冲突所引起的困惑？或者（b）是否对组织中责任和义务的分配、部门间良好的沟通关系以及共同的目标意识形成了清晰的理解？

　　■ 风格：问（a）是否拥有可以独立运行并采用不同方法的亚文化？或者（b）是否承诺合作并采取共同的方法？

　　■ 员工：问（a）是否招聘方法不一致，并且缺乏发展机会？或者（b）是否创建了一些良好的过程，用于员工的选拔、激励和发展？

　　■ 技能：问（a）员工缺乏胜任工作的技能吗？或者（b）员工掌握的技能是否能够保证他们有效完成工作？

　　■ 系统：问（a）人们只是口头上表示支持吗？或者（b）每个人都遵守它们吗？

　　■ 共享价值：问（a）是否存在内部冲突以及对愿景缺乏承

诺？或者（b）在实现愿景的过程中，是否每个人都能互相配合、进行合作？

如果在任何方面都倾向于支持（a）项的回答，那么你需要和组织一起考虑如何解决这个问题，因为这会拖累其他所有事情。与之相比，赞成（b）项的选择将开始对其他要素产生积极影响。

问题反思

■ 我是否说服组织在业务的各个方面都提出具有挑战性的问题？

■ 我必须采取什么措施才能确保他们根据自己对这些问题的回答来采取行动？

理论 67 玛丽·比特纳和伯纳德·布鲁姆：7P 营销组合

用这个理论来证明一个组织需要做什么才能使其产品或服务成功。

营销组合是一个著名的规划工具，用来描述一个组织在将产品或服务推向市场时必须做出的选择。比特纳（Bitner）和布鲁姆（Booms）在杰罗姆·麦卡锡最初的 4P 模型（产品-Product、地点-Place、价格-Price 和促销-Promotion）的基础上进行扩展，并推出了下面的这个模型：

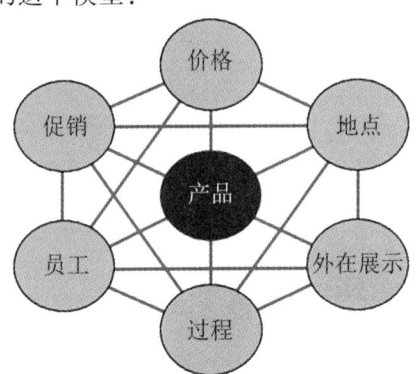

资料来源：Booms, B. H. and Bitner, M. J. (1981) 'Marketing strategies and organisation structures for service firms' in Donnelly, J. and George, W. R. (eds) *Marketing of Services*. Chicago, IL: American Marketing Association, pp. 47-51.

7P 模型可以概括为一系列关键问题：
产品：组织生产的产品或服务是否迎合了市场需求？
地点：当顾客需要这些产品或服务时，他们有获取渠道吗？

续表

7P 模型可以概括为一系列关键问题：
价格：组织是否对产品或服务设定了一个符合实际的价格？
促销：组织是否向客户传递了关于产品或服务的正确信息？
员工：组织是否有合适的技能组合来提供高质量的产品或服务？
过程：组织内采用的手续、流程和日常办公是否具有效率和效能？
外在展示：所有顾客和供应商都能正确理解组织的形象吗？

比特纳和布鲁姆强调必须认识到每一个 P 都和其他六个 P 相互依赖。拥有一个伟大产品，但无人买得起、无人买得到，或者缺乏合适的促销手段或销售团队，这将是产生灾难的根源。

学以致用

站在北京天安门广场的中央，你可以看到故宫、毛主席纪念堂和麦当劳的标志。当麦当劳在莫斯科开设餐厅时，那里的队伍比排队看列宁墓的人群还要长。但麦当劳的营销团队并非一直这么优秀。当他们最初在中国发起营销活动时，他们用其标志性的小丑 Ronald 作为整个活动的中心。不幸的是，他们忽略了一点，那就是中国人觉得"R"的发音很拗口，而小丑的白脸在中国是象征死亡的面具！

为了帮助组织避免重复当年麦当劳在中国犯下的错误，需要遵循以下四个基本步骤：

■ 说服组织研究市场，以确保他们的产品或服务符合客户的需求。

■ 让他们意识到，知道客户需求是一回事，但拥有合适的人员和流程来交付产品又是另一回事。

■ 让他们依次查看 7P 模型中的每个要素，并确定什么样的活动组合才能达成供需平衡。

　　■　最后，鼓励他们继续询问活动组合方面的问题，并在必要时做出改变，直到他们确信这是最佳的活动组合。

　　就营销而言，麦当劳很少出错，但一旦出错，它会付出惨重的代价。

问题反思

　　■　我是否向组织强调了研究市场以确保其产品或服务符合客户需求的重要性？

　　■　它是否研究了 7P 模型中的每个要素，并确定与之相关的哪种活动组合才能取得正确的供需平衡？

第五节

管理质量

简介

　　请一群人说出一个高质量手表或汽车的名字，劳力士和劳斯莱斯等产品很可能会在答案中名列前茅。这是因为人们倾向于根据价格和声望来衡量质量。这意味着大多数买不起这种奢侈品的人们，将失去享受质量的机会。因此，我们有必要不用上面的方式来衡量产品的质量，而是以它的适用性来进行判断：产品或服务是否会按照我们的意愿来做，以及是否可以从价格和可及性两个方面来衡量其质量？

　　在这一部分选择理论可以说是本书写作中最简单的任务。正如任何关于哲学的论述都可以追溯到三位伟大的希腊人一样（亚里士多德、柏拉图和苏格拉底），对 20 世纪 70 年代和 80 年代的人们理解质量管理而言，我毫不怀疑三位伟大的美国人（戴明、克劳士比和朱兰）做出的贡献最大，他们在这方面居功至伟，后人无出其右。他们不仅仅是针对这个主题撰写著作；事实上，他们彻底改变了工商业界对质量的看法。

　　尤其是戴明，曾把日本工业从一个笑柄变成了质量的代名词，他的这一成就如此令人印象深刻，以至于我在 20 世纪 90 年代被迫加入了戴明协会。戴明至今仍是唯一一个因在工业领域做出的贡献而获得日本荣誉勋章的西方人。戴明、克罗斯比和朱兰的著作所讲述的理论自然比我在这一部分所涵盖的内容要多得多，它们都值得进一步阅读。如果你正好要对组织进行这方面的指导，那么这里有足够的知识可以让你着手工作，并且还有一些重要的地方需要组织来贯彻落实。

理论 68 约瑟夫·朱兰：二八定律——重要的少数和平庸的多数

当你想向组织展示如何避免失去重要客户时，可以使用这个理论。

"二八定律"有时被称为"帕累托法则"（Pareto's Rule）。帕累托是一位意大利经济学家，他运用自己的法则证明意大利 80% 的财富为 20% 的人口所拥有。朱兰（Juran）是 20 世纪 80 年代的质量管理大师之一，他将这一规则应用于商业领域，告诉人们少数人发挥的重要作用以及多数人都具有平庸性，并展示一个组织需要在哪些地方集中精力，从而最大限度地实现自身成果。

朱兰认为，将这一规则应用于实践其实很简单。

例如：

一个组织 80% 的销售额可能是由该组织 20% 的客户创造的，所以要把精力集中在购买大部分产品或服务的那 20% 的客户身上。

一个组织 80% 的人员配置问题可能是由其 20% 的员工造成的，所以请找出造成大部分问题的那 20% 员工。

一个组织 80% 的生产力可能只是由其中 20% 的劳动力提供，所以一定要对他们做出相应的奖励。

但朱兰警告人们不要满足于 80% 并得过且过。他认为，如果目标是刚好能够完成工作，那么付出 80% 的努力可能就够了。然而，成功取决于你如何付出额外的 20% 的努力。

学以致用

不可思议的是：帕累托法则经常出现。当然会出现这种情况，只要组织愿意承认它不是一个精确的衡量标准，并接受具体数字可能是 75/25 或 85/15。向组织强调，他们拥有的一种珍贵的商品就是时间，所以想想他们如何才能最好地应对那 20%。如果 20% 是组织中的积极因素，那么让他们探索如何利用这些因素。如果 20% 是负面因素，那么让他们采取措施将其消除，但要确保以一种专业方式来完成这项工作。

以下是一些简单的步骤，可以帮助你让组织学会利用二八定律：

■ 首先，让他们确定需要解决的问题。

■ 然后告诉他们要与员工、客户和供应商交谈，了解他们对这些问题的想法。

■ 让他们以 1 分（次要）到 10 分（主要）的等级来对每个问题评分。

■ 针对每一个问题，帮助他们找出导致这种情况出现的原因。一旦组织对问题有了很好的把握，让他们根据其中的根本原因将问题分组，并将每个组的分数相加。

■ 说服他们用 80% 的可用时间来关注 20% 得分靠前的人群。

向组织强调，他们可以用剩余的可用时间处理其他 80% 的问题，但要记住，得分低的群体可能不值得如此努力，因为解决这些问题的成本可能高于解决方案本身的价值。

当一所大学的校长要求我帮助她在组织中引入新的行动措施时，我建议她对"二八定律"稍加修改。这就是说，她会发现有 10% 的员工积极支持她采取新措施，但 10% 的员工会对此表示激烈反对。这两个 10% 基本上是固定不变的：支持者已经表明自己的态度，而反对者无论怎么劝说都不会改变立场。我建议她把重点放在中间的 80% 上，因为我们要推进措施的实施，就需要争取获得他们的支持。她做到了这一点，在三年的时间里，这所大学在教育标准局举行的检查中从第 3 级（合格）上升到了第 1 级（优秀）。

一句警告：不要认为"二八定律"意味着你只需要做80%的工作！

问题反思

■ 我是否严格敦促组织对其客户群进行分析？

■ 我是否成功地让组织将工作重点放在 20% 的重要客户身上？

理论 69 威廉·爱德华兹-戴明：质量管理 14 点

用这种方式向组织展示他们必须做什么才能提高产品或服务的质量。

戴明（Deming）是全面质量管理最有影响力的倡导者之一。他认为，管理者对其产品或服务的质量负有 85% 的责任，而员工则承担 15% 的责任。他声称，他关于如何管理质量的 14 点将在组织中创造一种新的思维方式，从而提高客户满意度。

这 14 点可以概括为：
有一份得到所有管理者认可的使命宣言。
不要为出现的错误、拖延、缺陷和失误找借口。
不要依靠大规模检查来提高质量。
只和生产优质商品和服务的供应商签约。
对生产流程持续改进。
为所有员工提供适当培训。
建立参与式领导。
在整个组织中培养信任气氛。
打破部门之间的壁垒。
摆脱空喊口号和制定劳动力目标的做法。
不要随意改变产品配额，以免影响服务质量。
消除阻碍人们对自己工作产生自豪的各种障碍。
鼓励每位员工在专业上继续发展。
让每个人都承诺实施以上几点。

戴明认为，产品或服务质量的提高主要来自于管理者对系统的改进，而不是员工对自身表现的改进。

学以致用

我想这个问题可以表述为，"如果一个组织拥有伟大流程但却生产出垃圾产品，而另一个组织拥有垃圾流程但却生产出伟大产品，那它们之中哪一个更好？"

如果这正好是你指导的组织所面临的一个问题，那你可以给他们提出以下几点建议：

■ 让他们以质量为中心设计产品和服务，从而满足客户需求；并让他们以质量为中心设计流程，从而工作起来更有效率和效能。

■ 确保他们认识到质量取决于每位员工的努力，因此要创建紧密团结、能够自主的员工团队。让他们持续改进组织的流程和产品。这些改进可能只是针对一些小问题，但积累起来也会产生重大影响。

■ 让他们认识到组织是内外供应链的一部分，而最终产品的质量则取决于供应链中的每个环节。

■ 最重要的是，确保管理高层有决心执行上述步骤。

如果有的组织认为"我们一直就在这样做"或者"凑合着用吧，反正又没有坏掉"，那就告诉他们"你们的表现还不够好，你看问题还不够仔细。总之，无论如何都要解决掉这些问题。"

问题反思

■ 我是否让组织明白了质量的提高来自于管理者对系统的改进？

■ 我是否让管理高层承诺要提高质量？

理论 70　菲利普·克劳士比：成熟度网格

> 将此作为支持组织建立质量计划的基础。

　　克劳士比（Crosby）是众多质量大师之一，其他还有威廉·爱德华兹-戴明和约瑟夫·朱兰等。他们在 20 世纪 70 年代倡导全面质量管理（TQM：Total Quality Management），掀起了一场质量革命运动。克劳士比向全面质量管理运动引入了两个关键概念。第一个概念是质量免费，否则更可能表现为保修索赔以及组织提供糟糕服务引发的公共关系恶化等不良成本。第二个概念是无论任何时候都要做好的重要性。

　　这些概念基于一种信念，即在从无知和不确定性发展到智慧和确定性的过程当中，组织达到成熟的运营水平很重要。

克劳士比的成熟度网格可以概括为：

不确定性：组织不知道为什么质量有问题。

觉醒：该过程表现为组织开始理解为什么在这些问题上表现不佳。

启示：组织投入足够的资源来解决这些问题。

智慧：组织首先采取措施防止发生问题。

确定性：组织确信他们在质量问题上表现良好。

学以致用

　　作为戴明协会（是的，真的有一个这样的协会）的全额付费会员，我用包括克劳士比模型在内的其他模型都感到有一种背叛感。我选择克劳士比模型是因为我喜欢他关于质量和性有很多相似之处的类比：

大多数人在这方面都想得到更多；每个人都相信自己理解这方面的内容；每个人都认为自己在这方面很擅长；我们都相信如果出现任何问题，肯定都是由别人引起的。

为了帮助组织应用这一理论：

■ 让他们首先与组织中所有承诺提供优质服务的管理者和支持人员建立联盟。

■ 鼓励他们对组织从不确定性走向确定性的过程产生一种感觉（克劳士比的《质量免费》（*Quality is Free*）中有一种对此进行测试的格式）。

■ 告诉他们，即使测试结果表明他们的组织处于网格的较低层次（觉醒），也不要因此而惊慌失措。

■ 让他们接受存在问题，因为只有接受这些问题存在的现实，他们才能对它们有所作为（启蒙）。

■ 鼓励他们开发一个系统，防止出现质量问题，而不仅仅是对问题做出回应（智慧）。

既然我已经向你展示了如何解决组织的质量问题，现在让我们来谈谈性的问题吧！

问题反思

■ 我对组织在成熟度网格中所处的位置了解多少？

■ 我是否让组织深刻认识到：从产品或服务质量的不确定性到确定性，需要经历觉醒、启迪和智慧三个过程？

第六节

应对变革

简介

许多人觉得改变很痛苦或不方便：他们要么宁愿待在自己的舒适区，要么不能理解造成改变的原因。我们每个人看待变化的方式都不一样：对一个人来说新鲜刺激的东西对另一个人来说可能无聊透顶。我们在面对未知事物以及应对变化带来的不确定性方面的能力也各不相同。我不认为这部分内容会涉及你在经历或管理变革过程中所面临的所有问题，但它能让你更好地理解人们在经历变革时所面临的问题，并提供一些有用的工具来帮助你管理变革计划。然而，引领变革并不容易。这就要求对可能对组织产生影响的发展趋势，我们必须去审查并理解产生它们的内外部环境。有些趋势会对组织产生积极影响，但其他趋势则会阻碍变革过程。在《101 条权威管理理论》中，我们研究了八种独特的变革管理模式。其中一些章节还介绍了一些更传统的环境扫描工具，如 SWOT 和 PEST 分析，它们对那些领导变革的管理者来说具有无比重要的价值。如果这些模型中包含了一些共同因素，那么我可以将它们概括为：

■ 确定有必要进行变革非常重要：确保收集的证据和数据能够支持他们进行变革。

■ 每个人对变革的反应不一样：要意识到有些人认为变革新鲜刺激，而另外的人可能一提到变革就会被吓坏。

■ 从坚实的基础上规划变革至关重要：清楚如何变革以及变革什么。

■ 有效沟通至关重要：分享变革带来的愿景和结果至关重要。

鉴于本节的写作目的，我介绍了三个模型，可用于处理包括个人和组织在内的变革情况。

理论 71 约翰·科特：八步模型

利用这个模型，让组织意识到：为有效推行变革方案而打造恰当的基础具有重要意义。

科特（Kotter）认为，领导变革的管理者需要确立方向、调整人员，然后激励并鼓舞他们按计划实施变革方案。他提出了一个八步模型。

这可以概括为：

树立紧迫感：识别组织面临的挑战。

形成基本联盟：让有权实施变革的合适人员加入进来。

制定一个变革愿景：将你的变革计划与一个令人激动的愿景联系起来，从而吸引人们认同。

传达愿景：经常热情地与员工和客户谈论这个愿景。

清除障碍：修改愿景或在必要时清除任何破坏愿景的人员、流程或协议。

创造短期胜利：一些在变革早期阶段取得成功的故事将激励每个人继续前进。

以胜利为基础：如果业绩提高，不要自满，要着眼于长远。

嵌入变化：使变革成为组织文化的一部分。

科特认为，努力工作、精心规划以及建立坚实的基础，是一个成功变革计划的重要组成部分。

学以致用

作为一名商业教练，建议组织规划变革总是比让他们实施变革更加容易。如果他们问起其中的原因，就告诉他们，这是因为阐明他们想要做什么只需要扫描数据并进行分析就够了，但实现变革则需要考虑人的因素。就连科特的模型也强调了鼓励人们有所投入的必要性，并鼓励他们对变革过程产生一种主人翁意识。以下是一些关于如何有效使用该模型的提示：

■ 让组织首先清楚了解他们需要做出什么变革以及人们将如何受到这些变化的影响。告诉他们不要只看数字，而是要看人们对变革需求的感知情况。

■ 鼓励他们任命一名变革代理人来引领变革过程，并确定谁是能够支持变革过程的关键人物，然后让他们与变革代理人展开合作。

■ 确保他们对组织的未来有一个清晰的愿景。看看你能否让他们把这个愿景用一句话来加以表达。有些人喜欢把它搞成一种愿景宣言，但却因为表述冗长而毁了初衷。此时的成败不在细节（因为细节可以以后提供），而在对愿景有一个清晰的表述。

■ 帮助他们了解可能存在哪些障碍（人员、流程或协议）会对变革形成阻碍作用，并让他们整改或在极端情况下消除这些障碍。

■ 支持他们获得一些轻松、快速的胜利。提醒他们，一些失败或意想不到的后果可以充当很好的学习经历，所以鼓励组织将其公开，让每个人都能从中吸取教训。告诉他们，这些轻松快速的胜利并不意味着变革马上就要结束了，相反，它们仅仅表明变革的开始阶段已经结束，所以让他们巩固这些已经取得的胜利成果，同时坚定地专注于实现长期目标。告诫他们这可能需要很长的时间。

我的一个朋友是一家老牌金属制造公司的常务董事。他告诉我，当工人们早上做的第一件事是"开锅前先打开机器"时，他知道他已经让他们对工作的态度发生了改变。而他只花了五年时间就取得了这样的成就！

问题反思

■ 我是否向组织强调了清楚了解需要做出什么变革以及人们将如何受到变革影响的重要性？

■ 他们是否用对未来组织的愿景来表达这一点？

■ 他们是否指定了合适的变革代理人来引领变革过程？

理论 72　伊丽莎白·库伯勒-罗斯：悲伤模型

当你想帮助组织理解人们对变革的反应时，可以使用这个模型。

库伯勒-罗斯（Kubler-Ross）描述了人们对悲惨消息做出反应的五种形式。她认为这些反应是人们在接受消息之前正常经历的应对机制。

这些反应可以概括为：

否认：有意识或无意识地怀疑和拒绝接受改变。对应的身体反应可能包括麻木和震惊。

愤怒：当人们开始将改变接受为现实时，否认就变成了怨恨或恐惧。他们可能需要向他人发泄愤怒，或者将愤怒藏在心里，并经历一个自我指责的过程。

谈判：这是一个转折点，因为人们对变革的接受程度会变得越来越高。他们将开始测试和探索变革对他们意味着什么，因此他们要么解决原来的问题，要么让不可避免的事情慢一点发生。

抑郁：如果谈判不起作用，人们就必须接受残酷的现实。此时，人们将更加敏锐地意识到变革给他们带来的任何损失。他们可能会感到灰心丧气。

接受：这时人们意识到，抵制变革并不能使之消失。人们有了这种认识之后，对变革产生一种听天由命的态度，并愿意让其继续发展下去。

库伯勒-罗斯解释说，在这个过程中，人们并不是每次一个地以相同的方式经历完全部阶段。有些人会在一个特定阶段停滞不前，甚至可能回到他们以前所处的阶段。

学以致用

接下来的步骤将帮助你探索如何在这个过程中对组织进行指导：

■ 否认：无论变革计划有多周密，也不管在你心目中，这样的变革对组织有多重要，你都必须说服组织意识到人们需要时间来进行适应。让组织尽快与员工讨论变革草案。确保组织向员工提供必要的信息，并支持组织帮助员工了解正在发生的事情，以及在哪里可以得到进一步的帮助。

■ 愤怒：这是所有相关人员的危险区域。告诉组织，如果他们不能正确管理这种愤怒情绪，他们可能会很自然地陷入危机或混乱之中。确保他们仔细考虑了员工的影响和担忧。提醒他们，他们可能无法对所有的反对意见预先做好应对方案，但确保他们认真倾听员工的意见，并观察员工的反应，这样才有助于安抚员工的愤怒情绪。

■ 谈判：这可能是组织和员工的转折点。但要提醒他们，这并不意味着已经开始进入结束阶段，而只是表示开始阶段宣告结束。这个阶段若取得成功，将有助于员工接受后面的变革。告诉他们不要自满，因为如果他们不能在谈判过程中解决问题，员工可能会回归愤怒或陷入沮丧。

■ 抑郁：建议他们观察员工士气不振并对未来感觉茫然的迹象。此时员工可能会停止工作，或者即使工作也没有效率。病假率和旷工率可能会增加。这可能不是宣告变革计划结束的时候，但需要组织进行大量反省，以决定是否放弃变革，或者试试人们是否可以勉强接受变革。

■ 接受：如果人们已经从谈判中走到了这个阶段，那么告诉组织，他们可以确信员工已经和自己站在了一起。如果员工才从沮丧中走出来，他们可能会对这种变化有一种听天由命的态度，并且只是勉强接受这种变化即将发生的事实。对所有相关人士来说，这可能不是一个愉快的时刻，因此建议组织能够谨慎处理这方面的问题。确保让员工意识到他们可能沦为下一次变革的牺牲品。

现在找两个曾经让你必须处理变革的案例。变革活动给其中一个案例带来了积极成果，在另一个案例中则产生了消极影响。

问题反思

■ 我做过的哪些事情对结果的好坏产生了影响？

■ 我现在能以其他方式来处理这件事情吗？

理论 73　约翰·费希尔：过渡曲线

> 当你想帮助组织中的个人用反思作为改变的前奏时，就可以使用这个模型。

菲希尔（Fisher）认为，一个组织如何应对变革，取决于由谁发起这场变革，以及他们对相关事件拥有多大的控制权。他认为，无论变革的规模多小，都可能对组织内的个人、他们的自我观点以及随后的表现产生重大影响。他用一系列过渡事件来描述这种影响，这些事件可以描述为：

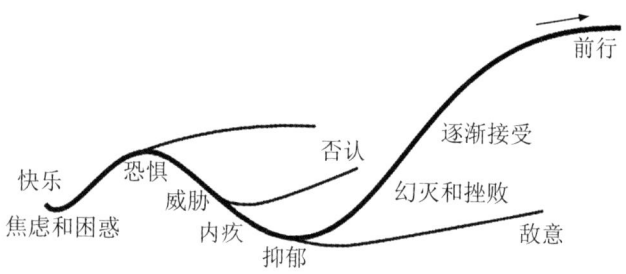

资料来源：www. businessballs. com/freepdfmaterials/processoftransition JF2012. pdf

这些反应可以概括为：
焦虑和困惑：意识到这些事件非你所能控制。
快乐：意识到别人拥有和你一样的感受。
恐惧：意识到改变迫在眉睫。这可能导致你不接受任何改变和否认。
威胁：意识到改变会影响你的核心行为。
内疚：意识到你过去的行为存在问题。这可能导致你意识到自己的信仰和价值观与组织的信仰和价值观不相容，并产生幻灭感和挫败感。

续表

这些反应可以概括为：
抑郁：意识到自己缺乏动力，同时开始产生困惑。这可能导致你看不到事情的进展情况和别人对你的敌意。
逐渐接受：意识到你需要做一些积极的事情来迈开前进的步伐。

菲希尔警告说，在挑战现有价值观和信念时，人们可能会面临冲突，并且可能产生过于热衷改革的情绪，从而可能导致他们对明显的威胁、恐惧和焦虑等迹象视而不见。

学以致用

为了帮助一个组织有效地完成转型，你需要了解他们对过去、现在和未来的看法。你需要问，"你以前在变革方面有什么经历？你是怎么挺过来的？如果进行变革，你会因此而失去或获得什么？"你可能无法直接改变他们的这些观点，所以你要集中精力支持他们自己解决对变革的看法。鼓励他们做一些自我反省，并思考他们为什么会有这样的感觉。

> 史密斯兄弟工程公司（Smith Brothers Engineering）在航空航天行业领域以提供优质定制工程部件而名声大噪，但他们80%的工作都是为一个客户服务。不幸的是，由于订单减少，该公司面临倒闭的危险。
>
> 问题出在管理层和员工都无法描绘公司的愿景。每个人都知道他们必须做出变革，但都避免公开讨论如何进行变革。这导致公司里谣言四起，员工都很焦虑和困惑。
>
> 后来公司决定通过全体裁员来解决这个问题。员工如果同意裁员，可以把他们的解雇费用投资于组建一个工人合作社。然后，公司会把他们的房屋和设备租给合作社，允许合作社执行现有的航空合同，同时享有与其他公司签约的自由。

> 这对公司所有相关人员来说都是一次巨大的文化冲击，但由于他们的合作社仍在进行交易，所以结局还算不赖。

问题反思

■ 我是否擅长于鼓励人们对他们过去、现在的经历以及未来可能的经历进行反思？

■ 我是否能有效处理人们对变革的恐惧或敌意？

第七节

展开合作

简介

　　我们天生就不善于合作。你在观看大卫·阿滕伯勒精彩的野生动物系列的时候，看到狼群先是把一群水牛中较弱的成员隔离开来，然后对其展开追杀。你可能不以为然，认为其他动物更多地表现为是一个团队而彼此合作。但看到同一种动物为了一小块食物而相互恶斗之后，可能会让你产生不同的想法。

　　为了让人们找到成为团队成员的理由，他们需要一个共同的目标和认同感。如果把一群人放进一部电梯里，他们就会以个体的身份进行思考和行动。如果创造一种危机局面（崩溃或火灾），那么生存就会成为大家的共同目标，并且每个人都得扮演其中的一个角色（安慰者、问题解决者……）。而作为一个团队，从仅仅求得生存到能够有效运作并获得最佳表现，是一个需要理解、承诺以及卓越领导的过程。

　　在这一节中，我想向大家介绍该过程的三个组成部分。我首先介绍贝尔宾（Belbin）关于在创建高效团队过程要扮演的角色的理论，然后介绍塔克曼（Tuckman）关于创建高效团队需要经历的过程的理论。在本节行文即将结束时，我还介绍了不同性格的团队管理人对团队产生的影响。一个优秀的教练，应当支持组织理解这三种理论的工作原理，并协同使用它们来创建一个伟大的团队。

理论 74 梅雷迪思·贝尔宾：团队角色

当你想帮助组织理解人们在团队中扮演的角色时，可以使用这个理论。

贝尔宾（Belbin）理论基于这样一条原则：为了团队成功，必须有人承担某些职能或角色。所以他认为，要想团队有效合作，必须让人扮演某些角色。

贝尔宾所说的角色包括：

协调者：为团队会议制定议程，阐明团队目标，确定优先事项，并为讨论创造条件。

塑造者：推动团队朝着目标前进，产生紧迫感并保持动力。

创新者：提出创新点子。

监控评估者：分析团队的承诺对象，客观地衡量进展情况。

执行者：将战略转化为行动。

资源调查者：找到实现目标所必需的资源，并弄清楚对手在做什么。

协作者：帮助解决团队内部（个人的和专业的）问题，并帮助团队产生凝聚力。

完成者：在项目接近尾声时，当人们萎靡不振，而工作又需要完善时，可以发挥关键作用。

专家：提供关键领域的技术专长。

贝尔宾承认，团队可能期望人们不止扮演一个角色，这种情况在规模较小的团队中表现得尤其明显，但某些角色的重复会导致团队内部出现冲突。

学以致用

> 　　《大逃亡》（1963）是一部基于真实故事而改编的电影，讲述了德国人在 1944 年建造了一个特殊的集中营，用来关押总是制造麻烦的战俘。出于要一起越狱的共同目的，囚犯们开始作为一个团队工作：空军中队长巴特利（由理查德·阿顿波罗扮演）负责协调活动；希尔茨上尉（由史蒂夫·麦奎因扮演）煽起人们的越狱欲望；韦林斯基中尉（由查尔斯·布朗森扮演）是隧道挖掘专家；"收藏家"亨德利中尉（由詹姆斯·加纳扮演）搜集越狱所需的材料；而布莱斯中尉（由唐纳德·普莱斯扮演）则负责伪造护照。

　　向组织强调，重要的是要不断分析正在发生的情况，找出存在的问题及其问题背后的原因。例如：

　　■ 如果人们对团队在某个特定时刻所处的形势以及推进团队前进需要采取的措施缺乏认识，那么询问他们是否具有合适的协调人。

　　■ 如果人们对团队的目标以及如何实现目标不明确，但协调者已经尽到了自己的责任，那么让他们去看看自己的塑造者是否合格。

　　■ 如果人们无法提出有创意的想法，那就问问他们团队的创新者在做什么。

　　告诉他们，一旦发现了团队中存在的问题，就必须着手解决。解决团队表现不佳的问题并不容易，但归根结底，要警告他们：他们可能不得不从团队中开除一名现有成员。顺便说一句，请不要告诉他们《大逃亡》中大多数逃犯最后都被抓回去枪毙了！

问题反思

- 团队是否有合适的人员组合来提高效率?
- 作为团队教练,我也必须采取什么措施来确保团队中的所有角色都有人选?

理论 75　布鲁斯·塔克曼：团队发展阶段模型

> 当你想帮助组织了解团队处于发展的哪个阶段时，可以使用这个理论。

塔克曼（Tuckman）认为：团队在可以全面运作之前，要经历五个阶段的发展过程。这些阶段是：

组建　→　激荡　→　规范　→　执行　→　休整

下面是对每个阶段的概括：

组建：成员们开始相互交流，并确定彼此的期望。在这个阶段，一些团队成员会感到兴奋激动，而其他人则会感到害怕和不知所措。

激荡：随着人们开始交往，会因个人的立场不同而出现冲突。一些成员会坚持自己的立场，开始质疑权威，而另一些成员则愿意跟随领袖的脚步。

规范：当团队成员找到解决冲突的方法时，他们开始成为一个团结的整体。此时的批评意见具有建设性，团队成员开始相互合作。

执行：随着对彼此的信心和信任开始增长，团队的表现水平也会提高。

休整：任务完成之后，小组解散。团队成员对于任务完成结果，要么感到满意，要么感到失落。他们还可能出现其他情绪，比如感到轻松或悲伤。

塔克曼强调了在团队组建之初就为其提供指导的重要性。他认为目标和角色是否清晰，是决定人们在形成团队的早期阶段感到兴奋还是恐惧的主要因素。

学以致用

塔克曼全名是布鲁斯·韦恩·塔克曼。在指导团队建设方面，他无疑是一个超级英雄！下面的一些提示可以告诉组织在组建团队的每个阶段应当采取什么措施：

■ 当准备筹建团队时，建议组织：团队管理者要分别以集体和个人两种方式和团队成员见面，讨论组建团队的基本规则。管理者要向他们解释自己对团队的期望，并回答团队成员提出的任何问题。

■ 提醒组织管理者，他们在激荡阶段，可能会在价值观方面发生冲突，团队成员可能挑战管理者的权威。如果分歧变得过于激烈，建议管理者保持冷静，果断处理事件，因为此时无论采取积极还是消极的应对措施，都不会产生明显的效果。

■ 如果管理者已经成功地度过了激荡阶段，团队将进入规范阶段，并开始形成自己处理分歧的独特方式。告诉管理者，现在是开始抽身退出的时候了。

■ 如果一切都按计划发展，那么团队将作为一个有凝聚力的单位而开始运行。此时建议组织密切关注团队的运行流程，同时强调赋予一定空间，让管理者和团队得以自由发挥的重要性。建议组织不要担心团队会犯错误，相反，应当支持他们从错误中学习。

■ 一旦任务完成，要向团队取得的成就表示祝贺，并认可每位成员做出的贡献。即使团队的最终目标没有实现，也建议组织这样做。

问题反思

■ 我对团队所处的发展阶段有多了解？

■ 我能采取什么措施来指导他们进入下一阶段？

理论 76 伊查克·爱迪思：团队管理中的个性风格

当你希望组织拥有正确的团队管理技能组合时，可以使用这个理论。

爱迪思（Adizes）建议团队管理角色可以分为四种性格类型（业绩创造者、行政管理者、企业家、整合者）。这些可以用远景（内部或外部）以及结果（短期或长期）来加以表示，描述如下：

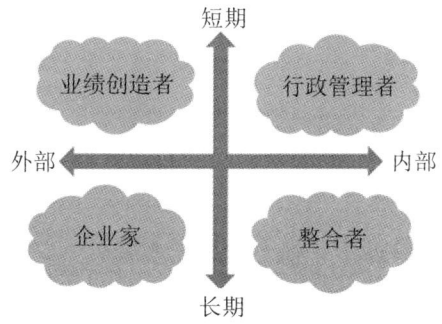

其中每种风格可分别概括为：

业绩创造者：精力充沛、行为活跃的人，他们专注于获得实际成果。他们不喜欢纠缠于细枝末节、表达含混模糊或使用抽象思维。

行政管理者：安静、谨慎的人，他们需要知道流程或程序的细节，然后才能投入工作。他们不喜欢模棱两可或不确定性。

企业家：富有想象力和个人魅力的人，专注于发现新的挑战和令人兴奋的机会。他们通常扮演梦想家的角色，并且很容易感到无聊。

整合者：擅长于组织活动并解决内部冲突。在照顾团队成员的个人需求时，他们有时显得不够专心。

爱迪思认为，尽管大多数人在四个领域都有所发展，但没有谁能在所有四个领域都表现得同样强大。他指出，每个人都至少有一种主导风格，有时辅以一种次要风格，但次要风格也可能表现得与主导风格几乎一样强烈。

学以致用

当我们读到本书的最后条目时，传来一条真正令人兴奋的消息：他们决定把这本书拍成电影。据说乔治·克鲁尼（好吧，这是我的书）会扮演作者，而乌玛·瑟曼则扮演编辑。但我们还必须选择一位导演。候选人（以及他们的爱迪思分类）名单包括：

■ 伍迪·艾伦（业绩创造者）：演员们抱怨他态度高冷，不好接近。

■ 阿尔弗雷德·希区柯克（行政管理者）：此人被证明是实施细节管理的大师。他对电影中的每个镜头都进行了审核，没有任何遗漏。

■ 沃尔特·迪士尼（企业家）：沃尔特·迪士尼既有创造力又是完美主义者。他的名言"如果你能想到，就一定能做到"，在他的许多电影中都得以体现。

■ 昆汀·塔伦蒂诺（整合者）：塔伦蒂诺选择主要演员的标准是看自己是否喜欢和他们共进午餐。

借助这个模型以及与电影导演之间的类比，我们可以描述不同类型的人物性格如何影响组织的表现。如果你正在使用该模型，需要强调两点：

■ 如果你所辅导的管理者并非同时在四种风格方面都具有天赋，也不要惊慌。

这并不是他们的弱点。事实上，支持他们专注于发展自己最强大的风格，而不是成为一个全能型人才，甚至还有好处。

■ 如果你所辅导的团队管理者明显缺乏组织所需的一些风格品质，并且可能缺乏适应所需风格的能力，那么让他们正视这一点，并让组织尽量给他们找一位风格互补的搭档。如果能够找到搭档，那么为了能有效合作，每个搭档都必须尊重其他搭档的不同价值观和做事顺序，并意识到他们由于具有不同的风格，会使用不同的策略来达到同样的期望结果。

让我听听你对我们应该选谁来当导演发表意见（是的，我知道他们中的一些人已经不在人世了）。我的编剧甚至连奥斯卡获奖感言都已准备好了。

问题反思

■ 我所辅导的管理者是否具有组织要求的合适风格？

第三部分总结

在第三部分中，我试图介绍一些具有影响力的理论，它们对组织响应运营需求的方式很有研究。许多理论家认为，以这种方式做出反应的能力是定义学习型组织的一个特征。关于学习型组织的这三种模型，描述了组织如何以一种能够促进清晰性、参与性以及竞争力的方式，来发展组织结构和人力资源。

书中的相关条目在指导组织管理文化、战略、质量、变革以及团队时，所采取的呈现方式便于读者分析需要采取什么措施以及如何去落实这些措施。

本书这部分的要点是说服组织：

■ 他们比竞争对手学得更快的能力，可能是他们唯一可持续的竞争优势。

■ 对他们来说，重要的是要清楚地了解他们希望组织朝什么方向发展，并让每个人都参与进来。

■ 确保他们通过简单的意图声明来表达组织愿景。

■ 如果他们需要改变组织的办事方式，他们必须深入了解人们对组织所持有的基本价值观和基本假设。

■ 让人们用隐喻表达他们对组织的感觉是一个非常有启发性的练习。

■ 实现组织愿景与其说是到达终点，不如说是进行一次旅程。

■ 在组织的某个方面做出改变，将对组织的其他方面产生积极或消极的影响。

■ 任何变革计划都应该考虑并尊重个人对组织的看法。

■ 不要让人们感觉他们是被迫接受变化。

▣ 组织中 80% 的问题可能是由 20% 的员工造成的。

▣ 组织中 80% 的销售额可能来自 20% 的客户。

▣ 一个组织提供的产品或服务的质量，从不确定到确定，需要经历觉醒、启迪和智慧三个过程。

▣ 组织中的每位员工都在质量改进过程中发挥作用。

▣ 团队要经历一些关键的发展阶段，因此员工们需要知道自己的团队现在正处于其中的哪个阶段。

▣ 不同的管理风格将采取不同的行动策略来取得不同的结果。

对举办教练活动的最后建言

无论你是管理者还是教练，我都希望你已经在这本书里找到了自己想要的东西。以下是从本书各章内容中遴选出来的一些具有普遍性的提示，希望它们能对你的事业进步有所帮助：

■ 明确角色：确定由谁在什么时候、什么地点如何行动。和教练对象讨论一下，交流彼此对对方所抱的期望，就形成教练关系的基本规则和界限达成共识。

■ 组织目标和目的：让教练对象对他们的未来有一个愿景，并设定有助于他们实现这一愿景的大目标。确保这些大目标符合SMART要求，即它们应是具体的、可衡量、可实现、符合实际且有时间期限的。不过他们既要有长期目标，也要有阶段性目标。

■ 坚定不移地行动：选择最合适的方法来指导个人/团体。这可能包括指导他们，告诉他们该做什么，建议他们如何去做或者激励他们自己去做。但无论你选择什么方法，都要坚定不移地贯彻到底。

■ 确认期望得到满足：不要认为这是你在教练课程结束时才做的事情：你应该在整个教练过程中经常这样做。不仅是教练结果，而且要就自己所采取的教练过程征求教练对象的反馈意见，并准备在必要时做出改变。

■ 有应对挫折的策略：接受发生了糟糕情况的事实。这可能是由于缺乏支持客户的资源、不得不处理冲突，或者发现有人反对你的意见或方法。你如何处理这些事件，将体现你作为一个自然人以及作为一个教练所具有的素质。思考糟糕情况为什么会发生，以及下次你能采取什么措施来避免它们再度发生很重要，但是有能力立即思考并在发生事故时当场处理也同样重要。

■ 激发创造性思维：鼓励教练对象打破常规进行思考。如果人们只会墨守成规，一遍又一遍地做同样的事情，那就很难产生伟大的想法或出现精彩的学习经历。指导人们获得能力当然很好，但支持他们发挥创造力才更有价值。

■ 永远不要害怕失败：如果你的教练对象执行一项任务失败，这并不意味着他们就不能取胜了：这仅仅意味着他们在完成这项任务时遭遇不顺。让他们分析为什么未能完成任务，以及下次他们可以采取什么不一样的措施。确保他们即使再次失败，也会比以前做得更好。如果他们遭遇的失败是因为你的指导，那么就由你来分析可以采取什么不同的教练方法。

■ 了解你的教练对象：建立基于尊重和信任的教练关系。如果你们之间已经建立了这种关系，你就可以挑战他们，设定困难的任务或者问一些是挑衅性的问题，但前提是你们双方都确信这样做完全是出于善意。

我希望你能喜欢阅读本书，就像我当初喜欢撰写本书一样。

推荐书目

理论 1：Knowles，M.（1988）*The Modern Practice of Adult Education：From Pedagogy to Andragogy.* Cambridge，UK：Cambridge Book Company.

理论 2：Fleming，N. D.（2001）*Teaching and Learning Styles.* Honolulu：VARK-Learn.

理论 3：Kolb，D.（1984）*Experiential Learning：Experience as the Source of Learning and Development.* Englewood Cliffs，NJ：Prentice-Hall.

理论 4：Myers，I. B. and Briggs，K.（1975）*The Myers-Briggs Type Indicator.* Palo Alto，CA：Consulting Psychologist Press.

理论 5：Keller，J. M.（2010）*Motivational Design for Learning and Performance：The ARCS Model Approach.* New York：Springer.

理论 6：McGregor，D.（1985）*The Human Side of Enterprise.* New York：McGraw-Hill.

理论 7：Herzberg，F.（1966）*Work and the Nature of Man.* Cleveland：World Publishing.

理论 8：Argyle，M.（2004）*Bodily Communication*，2nd edn. East Sussex：Routledge.

理论 9：Berne，E.（1964）*Games People Play：The Psychology of Human Relationships.* London：Penguin.

理论 10：Luft，J. and Ingham，H.（1955）*The Johari Window：A Graphic Model of Interpersonal Awareness.* Proceedings of the Western

Training Laboratory in Group Development. Los Angeles：UCLA Extension Office.

理论 **11**：Bloom，B. S.，Engelhart，M. D.，Furst，E. J. *et al.* (1956) *Taxonomy of Educational Objectives：The Classification of Educational Goals. Handbook* I：*Cognitive Domain.* New York：David Mck-Kay Company.

理论 **12**：Dave，R.H.（1970）'Psychomotor levels'in Armstrong，R.J.（ed.）*Devel-oping and Writing Beha-vioral Objectives.* Tuscon，AZ：Educational lnnovators Press.

理论 **13**：Krathwol，D.，Bloom，B. S. and Masia，B. B.（1973）*Taxonomy of Educational Objectives：The Classification of Educational Goals. Handbook* II：*Affective Domain.* New York：David McKay Company.

理论 **14**：Pavlov，I.（2003）*Conditioned Reflexes.* Mineola，NY：Dover Publications.

理论 **15**：Guthrie，E. R.（1959）'Association by contiguity'in Koch，S.（ed）Psychology：*A Study of a Science*，vol. 2. New York：MoGraw-Hill. pp. 158-95.

理论 **16**：Merton，R. K.（1968）*Social Theory and Social Structure.* New York：Free Press.

理论 **17**：Maslow，A. H.（1943）'A theory of human motivation'，*Psychological Review* 50(4)，pp. 370-96.

理论 **18**：Rogers，C.（2004）*On Becoming a Person.* London：Constable.

理论 **19**：Mezirow，J.（1997）'Transformative Learning：Theory to Practice'，*New Directions for Adult and Continuing Education* 74，5-12.

理论 20：Barber, P. (2001) *Researching Personally and Transpersonally*：*A Gestalt Approach to Facilitating Holistic lnquiry and Change in Groups and Organisations.* Guildford：Work Based Learning, School of Educational Studies, University of Surrey.

理论 21：Pribram, K., Miller, G. A. and Gallanter, E. (1960) *Plans and Structure of Behaviour.* New York：Holt, Rinehart & Winston.

理论 22：Bandura, A. (1977) *Social Learning Theory.* New York：General Learning Press.

理论 23：Hebb, D. O, (1949) *The Organization of Behavior*：*A Neuro psychological Theory.* New York：Wiley and Sons.

理论 24：Festinger, L. (1957) *A Theory of Cognitive Dissonance.* New York：Harper & Row.

理论 25：Merzenich, M. (2013) *Soft-wired*：*How the New Science of Brain Plasticity can Change your Life*, 2nd edn. San Francisco, CA：Parnassus Publishers.

理论 26：Lewin, K. (1951) *Field Theory in Social Science*：*Selected Theoretical Papers* (Edited by D. Cartwright). New York：Harper & Row.

理论 27：Honey, P. (1994) *101 Ways to Develop Your People Without Even Trying.* Maidenhead：Peter Honey Publications.

理论 28：Hare, R. D. (2003) *The Psychopathic Checklist-Revised*, 2nd edn. Toronto：Multi-Health Systems.

理论 29：Bandler, R. and Grinder, J. (1979) *Frogs into Princes.* Moab, UT：Real People Press.

理论 30：Bateson, G. (1973) *Steps to an Ecology of Mind.* Boulder, CO：Paladin Press.

理论 31: Broadbent, D. (1958) *Perception and Communication.*
Oxford: Pergamon.

理论 32: Brounstein, M. (2000) *Coaching and Mentoring for Dummies.* Hoboken, NJ: Wiley Publshing.

理论 33: Costa, A. and Kallick, B. (1983) 'Through the Lens of a Critical Friend', Educational Leadership 51(2): 49-51.

理论 34: De Bono, E. (1978) *Teaching Thinking.* Harmondsworth: Penguin. De Bono, E. (1985) *Six Thinking Hats.* New York: Little, Brown and Company.

理论 35: Dits, R. (1994) *Strategies of Genius Volume 1.* Capitola, CA: Meta Publications.

理论 36: Egan, G. (2014) *The Shilled Helper: A Problem Management and Opportunity-Development Approach to Helping*, 10th edn. Belmont, CA: Brooks-Cole.

理论 37: Fournies, F. F. (2000) *Coaching for Improved Work Performance.* New York: McGraw Hill.

理论 38: Gallwey, T. (1986) *The Inner Game of Tennis.* London: Pan McMillan.

理论 39: Gardner, H. (1993) *Multiple lntelligence: The Theory in Practice.* New York: Basic Books.

理论 40: Gillbert, A. and Whittleworth, K. (2010) *The OSCAR Coaching Model.* Monmouth, Wales: Worth Consulting Ltd.

理论 41: Goleman, D. (1998) *Working with Emotional Intelligence.* London: Bloomsbury.

理论 42: Grimley, B. (2013) *Theory and Practice of NLP Coaching.* London: Sage.

理论 43: Grinder, J., Bandler, R. and Delozier, J. (1977) *Patterns of the Hypnotic Techniques of Milton Erickson Volume Ⅱ*. Capitola CA: Meta Publications.

理论 44: Hale, R. and Hutchinson, E. (2012) *Understanding Coaching and Mentoring*. London: MX Publishing.

理论 45: Hawkins, P, (2006) *Coaching, Mentoring and Organizational Consultancy*. Maidenhead: McGraw-Hill.

理论 46: Kabat-Zinn, J. (2004) *Wherever You Go, There You Are: Mindfulness Meditation for Everyday Life.* London: Piatkus Books.

理论 47: Landsberg, M. (2003) *The Tao of Coaching*. London: Profile Books.

理论 48: Lane, D. and Corrie, S. (2006) *The Modern Scientist-Practitioner: A Guide to Practice in Psychology*. East Sussex: Routledge.

理论 49: McCleod, A. (2006) *Performance Coaching*. Bancyfelin, Wales: Crown House *Publishing*.

理论 50: McPhedran, A. (2009) 'Turning Ideas Into Reality', www. trainingjournal. com (accessed 15 August 2014).

理论 51: Parsloe, E. and Wray, M. (2008) *Coaching and Mentoring: Practical Methods to Improve Learring*. London: Kogan Page.

理论 52: Rogers, J. (2004) *Coaching Skills: A Handbook.* Maidenhead: MoGraw-Hill.

理论 53: Satir, V. (1988) *The New Peoplemaking*. Palo Alto, CA: Science and Behavior Books.

理论 54: Sweller, J. (1994) 'Cognitive Load Theory: Learning difficulty, and instructional design', *Learning and Instruction* 4(4):

pp. 295-312.

理论 55：Whitmore，J. （1998） *Coaching for Performance*. London：Nicholas Brealey.

理论 56：Adair，J. （1979） *Action Centred Leadership*. Farnham，UK：Gower.

理论 57：Bass，B. M. （1985） *Leadership and Performance Beyond Expectations*. New York：Free Press.

理论 58：Boyatzis，R. E. （2013） 'Coaching With Compassion：Inspiring health，well-being，and development in organizations'，*The Journal of Applied Behavioral Science* 49（2）：pp. 153-78.

理论 59：Pedlar，M.，Burgoyne，J. and Boydell，T. （1997） *The Learning Company*. Berkshire：MoGraw-Hill.

理论 60：Argyris，C. and Schön，D. （1974） *Theory in Practice：Increasing Professional Effectiveness*. San Francisco：Jossey-Bass.

理论 61：Senge，P. （1992） *The 5th Discipline*. London：Century Business.

理论 62：Schein，E. H. （1992） *Organizationul Culture and Leadership*. San Francisco：Jossey-Bass.

理论 63：Steinhoff，C. and Owens，R. （1989） 'The Organizational Culture Assessment Inventory：A metaphorical analysis in educational settings'，*The Journal of Educational Administration* 27（3）：pp. 17-23.

理论 64：Handy，C. （1996） *The Gods of Managerment*. New York：Oxford University Press.

理论 65：Johnson，G. and Scholes，K. （2005） *Exploring Corpo-*

rate Strategy. 7th edn. Harlow, Essex: Financial Times Prentice Hall.

理论 66: Waterman, R. H., Peters, T. J. and Phillips, J. R. (1980) 'Structure is not an organization', *Business Horizons* 23 (3), pp. 14-26.

理论 67: Booms, B. H. and Bitner, M. J. (1981) 'Marketing strategies and organisation structures for service firms' in Donnelly, J. and George, W. R. (eds) *Marketing of Services*. Chicago, IL: American Marketing Association, pp. 47-51.

理论 68: Juran, J. (1951) *Quality Control Handbook*. New York: McGraw-Hill.

理论 69: Deming, W. E. (2000) *Out of Crisis*. Cambridge Mass: MIT.

理论 70: Crosby, P. (1980) *Quality is Free*. London: Penguin.

理论 71: Kotter, J. P. (1990) *A Force for Change: How Leadership Differs from Management*. New York: Free Press.

理论 72: Kubler-Ross, E. (1969) *On Death and Dying*. Toronto: Macmillan.

理论 73: Fisher, J. M. (2003) *The Process of Transition and the Transition Curve*: see www. businessballs. com [accessed 1 December 2014].

理论 74: Belbin, R. M. (1993) *Team Roles at Work*. Oxford: Butterworth Heinemann.

理论 75: Tuckman, B. W. (1965) 'Development sequences in small groups', *Psychology Bulletin* 3(6): pp. 384-99.

理论 76: Adezis, I. (1991) *Corporate Lifecycles*. Stockholm: Liber Publishing.